KB211061

내가 만난 하나님 다섯 번째 이야기

묵상은 나의 힘

박정오 지음

시커뮤니케이션

머리말

　내세울 것 없는 평신도의 묵상을 책으로 내는 것이 못내 부끄럽지만, 그래도 용기를 내봅니다.

　이 묵상은 날 것입니다. 신학을 배우지도 않았고, 교리에 정통하지도 않은 평신도가 성경만을 읽고 묵상한 것이기에 오류도 있을 것이고, 설익은 상상도, 억측이 많을 것입니다. 그런데도 묵상을 공개하기로 용기를 낸 이유는 묵상 가운데 만난 하나님의 은혜를 함께 나누고 싶기 때문입니다. 성경을 묵상하며 새로운 깨달음으로 인한 기쁨을 느끼기도 하고, 바닥에 있을 때 위로도 받았습니다.

　또한, 한 평신도가 성경을 묵상하며 세상을 보는 눈이 서서히 바뀌고, 하나님을 점차 알아가는 내면의 투명한 과정을 보여주고 싶었습니다. 평신도이기 때문에 더욱 자유롭게 상상하고, 격식 없이 생각하고, 공동체 안에서 나누며 공감할 수 있기도 합니다.

　성경을 묵상하고, 그것을 글로 적어내는 과정에서 의도치 않게 다양한 방향으로 생각이 전개되고 이어지는 경험이 많았습니다. 돌이켜보면 제 신앙의 여정이 이렇게 기록으로 남아 있다는 것이 참으로 신기하고 감사합니다. 더욱이, 이렇게 책으로 엮기 위해 그간 기록한 묵상들을 다시 읽으니 제 신앙의 여정을 통해 보여주신 하나님의 신실하심이 더욱 선명해집니다.

　글을 정리하면서 깨닫는 것은 제 삶을 관통해 온 하나님의 은혜였습니다. 은혜의 바다로 점점 들어가는 제 모습을 보게 됩니다.

이 책을 읽는 평신도나 기독교에 관심을 가지시는 분들이 성경과 묵상에 대해 더 친근감 있게 다가가길 희망합니다. 만약 이 글을 읽다가, 어, 성경에 이런 것도 있었어? 정말 성경이 이렇게 말하는 게 맞아?라며 다시 한번 말씀을 찾아본다면 제 의도는 성공한 것입니다. 목회자들께서도 이 책을 통해 성도들이 성경을 읽으며 어떠한 생각을 하고, 어떤 고민을 하고 있는지 참고하실 수 있다면 이 책은 진정 소기의 성과를 다한 것이라 생각합니다.

목차

내가 만난 하나님 다섯 번째 이야기

묵상은 나의 힘

박정오 지음

시커뮤니케이션

우리 중에 이루어진 사실에 대하여 (누가복음 1:1)

의사 특유의 섬세함으로, 그리고 사실적으로 주님의 행적을 따라 기록한 누가복음서를 펼쳐 들었다. 그 시작 부분엔 독특한 문장이 나온다.

'우리 중에 이루어진 사실'

누가는 예수의 행적, 십자가와 부활 사건을 우리 중에 이루어진 '사실'이라고 말한다. 믿음의 영역이라고 생각했었는데 사실이라는 표현이 매우 도전적으로 느껴진다. 우리의 믿음은 형이상학적 관념이 아니라, 실제로 이루어진 사실에 기반하고 있다.

그분은 태생부터 비천했다. 오죽 날 데가 없어서 구유에서 났을까. 이건 크리스마스가 그려내는 감상적인 장면이 아니다. 처녀가 잉태한 것이 어디 축복받을 일이던가. 그분은 이 세상에 오셔서 무엇을 보고 느끼셨을까. 하나님의 아들로서 사람의 아들로 태어난 그분은 인간 세상에 오셔서 인간의 눈과 지각으로 무엇을 느끼신 것일까.

인간의 몸으로 오신 그분은 나사로의 죽음 앞에서 울었다. 그분은 예루살렘 앞에서 울었다. 그분은 겟세마네 동산에서 울었다. 그분은 인간을 짓누르는 죽음이라는 죄의 결과에 대해 통분히 여기셨다. 그분은 자신이 진정 사랑하는 민족이 이방 민족의 군대에 짓밟힐 것을 예견하시며 자신을 죽인 피를 민족의 머리에 돌리게 될 것을 아시고 우셨다.

또한 그분은 언제 기뻐하셨는가. 그분은 언제 분노하셨는가. 그분은 언제 안타까워하셨는가. 그분이 궁극적으로 던진 메시지는 무엇인가. 그분이 간간이 보여주신 교훈은 무엇인가. 그분은 누구인가.

그분은 제자들과 한시도 떨어져 있지 않았다. 그러면서도 철저히 독립적이고, 외로웠다. 그를 이해하는 제자가 없었기 때문이었다. 그러나, 그분은 그것을 이해하고, 기다렸다. 제자들은 철저히 주님에게 의존적이고 무비판적이었다. 그랬기에 주님이 잡히셨을 때 혼비백산했다. 그러나, 결국 그들은 그들에게 주어진 십자가의 길을 갔다. 주님은 제자를 키운 것이다. 이것이 그분의 나라를 확장하는 전략이었다. 그리고는 마치 외인구단의 마지막 한 명처럼 바울을 불렀다.

그분이 오늘날, 우리를 부르고 계신다.

주님.
다시금 제 안에 당신을 향한 열정을 회복하게 하소서.

주님을 만난 사람들

생의 절박함 가운데
그분의 옷깃만이라도 잡으려
손을 내밀었던 사람들을 쫓아가다 보면
그분의 은혜를 만납니다.

| 군 대 귀 신 들 린 자 |

"예수께서 네 이름이 무엇이냐 물으신즉 이르되 군대라 하니 이는 많은 귀신이 들렸음이라" (누가복음 8:30)

귀신집단이 한 사람을 장악했다. 귀신 무리에게 사로잡힌 이 사람은 무덤가를 떠돌면서 황폐하게 살았다. 자신이 사는 삶이 아닌, 자신 안에 귀신이 사는 삶. 귀신에게 빼앗긴 인생. 쇠사슬로 그를 묶어놓으려는 시도도 실패했다. 다른 사람들도 그를 포기한 지 오래였다. 성경은 이 생을 절망으로 사는 사람과 예수와의 만남을 그리고 있다. 내 뜻대로 살지 못하는 삶을 살던 어떤 사람과 예수님의 만남을.

그가 멀리서 달려와서 예수님께 절했다고 성경은 기록한다. 그 이유는 예수께서 이미 귀신보고 그에게서 나가라고 명했기 때문이라는 것이다. 무덤가를 전전하는 이 사람은 어떻게 예수를 만났을까? 성경에 귀신은 예수가 누구인지를 알기 때문에 자기를 괴롭게 하지 말라고 부탁했다고 기록되어 있다. 귀신은 예수를 만나기를 꺼리는 것이다.

이 불쌍한 사람의 삶을 지배하고 있던 귀신 무리를 쫓아내는 예수님을 생각한다. 생의 절망을 걷는 이들을 만나는 주님의 행적을 묵상한다. 이들에게 예수는 그 자체로 복된 소식이다.

주님은 내가 사는 삶이 아닌 것 같은 이 삶의 비참함에 종지부를 찍으셨다. 내가 원하는 삶을 살고 있지 못하는 이가 얼마나 많을까. 꺾여진 삶. 너무나 버거운 삶의 무게. 내 마음 같지 않은 현실. 자꾸만 수렁으로 빠지고 있는 듯한 느낌. 나아질 것 같지 않은 미래. 군대와 같은 귀신처럼 우리 삶을 짓누르고 왜곡하는 모든 멍에.

2천년 전 군대 귀신에게 사로잡혔던 생의 절망을 치유하셨던 주님은 오늘날 우리 삶의 절망도 치유하시리라. 내 속의 어둠도 물리치리라. 이것이 그분에 대한, 그분을 향한 믿음이다.

주님.
인생의 아픔을 이해하고,
주님의 은혜가 그 깊은 상처들을 치유하기를 기도합니다.
우리의 삶 가운데 역사하시는 하나님의 강력을 믿음으로 고백합니다.

| 수로보니게 여인 |

여자가 대답하여 가로되 주여 옳소이다마는 상 아래 개들도 아이들이 먹던 부스러기를 먹나이다. (마가복음 7:28)

예수님께서 그 믿음을 칭찬해 주시고, 병을 고쳐주셨던 사람들이 있었다. 그들의 믿음은 어떤 것이었을까.

이들의 믿음은 절박함에 기초해 있었고, 지푸라기라도 잡고자 하는 심정에 기초해 있었다. 그리고 이들은 주님의 능력을 믿었다! 주님이 고쳐주실 수 있다고 믿었다. 그런데, 이들에게도 문제는 있었다. 고쳐주실 수 있는 주님이 과연 고치려는 의지를 그들에게 보여줄 것인가, 하는 것이었다.

병을 고칠 수 있는 의사가 돈 한 푼 없는 나를 무료로 고쳐주겠는가. 병을 고칠 수 있는 주님이 죄 많은 나도 고쳐주실 것인가. 유대인이 아닌 이방인도 고쳐줄 것인가. 아마도 오늘의 주인공 수로보니게 여인도 마찬가지 의문을 가지고 있었을 것이다.

믿음이라는 것이 그냥 보편적인 개념일 때는 문제가 되지 않는다.

예수가 사흘 만에 부활했고, 죄를 사하는 능력이 있고, 많은 기적을 행했고, 등등 성경의 이야기를 받아들이는 것은 사실 그리 어렵지 않다. 내가 가진 상식의 경계를 조금만 풀고 마음을 여유롭게 먹으면 받아들일 수도 있다. 문제는 그 기적의 주인공인 예수가 내게도 기적을 베풀겠느냐는 것이다. 믿음의 문제는 여기에 있다.

왜 예수께 다가온 이방인의 수는 이렇게 적을까. 많은 이유 중에 이런 이유도 있을 것이다. 타민족에 배타적이기로 유명한 유대인인 예수가 이 방인인 우리에게까지 기적을 베풀겠느냐는 자포자기. 확실히 수로보니게 여인이 예수께 나아왔을 때 예수님의 반응은 이러한 자포자기를 이해할 수 있는 반응이었다.

자녀(유대인)로 먼저 배불리 먹게 할지니, 자녀의 떡을 취하여 개들(이방인)에게 던짐이 마땅치 아니하니라. (마가복음 7:27)

상당히 노골적인 시비라고도 볼 수 있지 않을까. 그런데, 수로보니게 여인은 아마도 이를 예상했던 것 같다. 내가 이방인이라고 무시하실지도 몰라. 그렇지만, 난 죽어가는 내 딸을 위해서도 결코 물러날 수 없어. 그분밖에 없어. 반드시 그분의 마음을 돌이키고 말겠어. 이런 비장함으로 출사표를 던졌겠지.

여인의 대답은 이러했다. "주여, 옳습니다. 그렇지만, 상 아래 개들도 아이들이 먹던 부스러기를 먹습니다." 이 대답이 주님을 움직였다. 아니, 기실 주님은 이러한 믿음을 가진 이방인들을 찾고 있었는지 모른다. 유대인 중심주의를 뛰어넘고 복음을 받을 만한 이방인. 그러기 위해서는 적극적이고 공격적인 믿음이 있어야 한다. 천국은 침노하는 자의 것이기에.

난 이 장면에서 주님과 여인의 말 없는 대화를 상상해본다.

주님은 이렇게 말씀하실지도 모른다. 널 기다렸다. 네 민족이 가지는 유대인에 대한 배타적 감정을 극복하였느냐. 나를 만나러 오지 않는 다른 이들이 가지는 자포자기의 심정을 극복하였느냐.

그러면 그녀는 이렇게 대답할 것이다. 예, 주님, 당신을 만나기 위해 저를 둘러싼 모든 것을 내려놓았습니다. 헬라인의 자존심도 없느냐는 비아냥, 유대인이 과연 우리를 받아주고 치료해줄까 하는 의심을 모두 뒤로했습니다. 단지, 당신이라면 내 처지를 이해해주고, 내게 가장 필요한 것을 주시리라고 생각했기에 난 당신께로 달려왔습니다.

이 믿음. 이것이 주님을 만날 수 있는 믿음의 출발점이라고 나는 생각한다. 주님은 믿음을 기반으로 일을 하셨다. 기적을 베푸시기 전에 확인하셨다. "네가 믿느냐. 내가 이 일을 할 줄 네가 믿느냐."

내 자신을 되돌아 보게 된다. 심드렁한 내 모습. 삶이 익숙해지고 자리가 잡힐수록 기도도 치열하지 않고, 절박하지도 않다. 주님의 옷자락이라도 붙잡으려 노력했던 믿음의 선배들을 따라 침노하는 믿음으로 수세에서 공세로 역전해 가야겠다.

주님.
믿습니다. 합력하여 선을 이루실 줄을.
인도하소서. 기도하고, 계획하며, 기대하게 하소서.

| 귀먹고 어눌한 자 |

예수께서 그 사람을 따로 데리고 무리를 떠나사 손가락을 그의 양 귀에 넣고 침을 뱉어 그의 혀에 손을 대시며 하늘을 우러러 탄식하시며 그에게 이르시되 에바다 하시니 이는 열리라는 뜻이라 (마가복음 7: 33-34)

주님께서는 수로보니게 여인의 딸을 치료하신 후, 갈릴리로 이동하셨다. 여기서 많은 병자를 치료하셨다.(마태복음 15 : 29-31) 이 거시적이고 병렬적인 마태복음의 치유 장면 중, 마가복음은 유독 한 장면을 끄집어서 확대 조명한다. 귀먹고, 어눌한 자의 치유가 그것이다. 이 장면에서 주님은 다른 병자들과 격리해서 그를 취급하고 계신다. 마가복음은 이렇게 기록한다. '예수께서 그 사람을 따로 데리고 무리를 떠나사'.

또한 이 사람을 위한 주님의 치료 활동은 유독 적극적이고, 구체적이다. 마가복음만 보아도, 주님의 치료 활동은 주로 말씀에 의한 치료였다. 병이 나으라 말씀하시면 병이 낫는 것이다. 그리고, 그 전에 병 나을 자에 대해 네가 병이 나을 것을 믿느냐는 질문을 하셨다. 그런데, 여기서는 그러한 질문도 없고, 주님께서 직접 병자를 만지고 계신다. 손가락을 그의 양 귀에 넣고, 침 뱉어 그의 혀에 손을 대시며.

왜 주님은 이렇게 하셔야만 했을까. 그 이유는 아마도 지금까지와의 병자와는 다르게 그는 예수님에 대한 소식을 접하지 못했거나, 회복하려는 의지가 부족했기 때문이 아니었을까 상상해 본다.

지금까지 병자들은 비록 아프더라도, 주님만 만나면 기적을 경험하겠지라는 믿음 하나로 용케도 주님 근처까지 나온 강인하고 절박한 생의 의지를 가진 사람들이었다. 그들은 지푸라기라도 잡는 심정으로 주님을 갈구했다. 그 갈구는 제대로 임자를 만나서 그들은 치유를 받고 영혼의 눈마저 뜨게 되었으리라.

그러나, 지금 주님이 만난 이 사람은 그러한 의지를 전혀 느낄 수 없는 자가 아니었을까. 그는 예수님에 관한 소식을 '들을 수' 없었을 것이다. 그러니 별다른 매체도 변변치 않던 그 시절, 그에게 믿음이 생기긴 어려웠을 것이다. 주님을 쳐다보는 그의 눈은 고쳐달라는 맹렬한 의지의 눈이 아닌, 이미 모든 것을 포기하고 현실에 순응하여 살겠다는 자포자기의 깊은 어둠의 눈이 아니었을까.

주님은 이 심연을 보시고, 꺾여진 생의 희망과 인생의 비참함을 절감하셨을지도 모른다. 그리고는 참을 수 없는 심정이 되어 그의 손을 잡고 갈릴리 숲으로 들어가셨겠지. 말로만 하면 이해할 수 없는 그를 위해 행동으로 상황으로 직접 깨닫게 해주신 것이 아닐까. 그리고, 주님은 그에게 직접 희망을 몸으로 체험케 하셨다. 그의 귀에는 주의 손가락이 들어갔고, 그의 혀도 주님의 손과 침을 겪었다.

3번의 배반으로 갈기갈기 찢어진 베드로를 회복시키는 주님의 3번의 질문과도 같다고 보면 될까. 어둠이 깊은 만큼, 생생한 부활의 체험이 필요했으리라.

때로는 주님을 찾을 수 없을 정도로 믿음이 꺾이고 심약할 때가 있다. 어쩌면 지금의 내 모습이겠지. 이때 주님이 찾아오시고, 나를 따로 데리고 가서서 내 귀와 혀에 주님의 손가락을 직접 대시고, '에바다'라고 말씀하신다고 상상해본다.

한 컷, 한 컷에서 주님을 만나고 있습니다. 더 깊이 알아가게 하소서.

| 달리다굼 |

그 아이의 손을 잡고 이르시되 달리다굼 하시니 번역하면 곧 내가 네게 말하노니 소녀야 일어나라 하심이라 (마가복음 5:41)

예수님은 죄를 사하는 권세와 안식일 논쟁으로 유대교 지도자들에게 이단으로 소문이 났을 것이다. 그런데 회당장 야이로가 예수님께 달려와 무릎을 꿇고 간청한다. 회당장은 당시 유대교의 종교지도자로 상당히 높은 지위였다. 딸이 병들어 죽게 되었는데, 아무것도 할 수 없는 부모의 마음을 짐작하게 한다.

병 앞에서, 죽음 앞에서 인간은 무력하다. 자신의 한계, 아무것도 할 수 없는 무능력을 철저히 깨닫지 않을 수 없다. 야이로는 마지막 지푸라기를 붙잡는 심정으로 주께 달려갔을 것이다. 예수께 병을 고치는 능력이 있다는 이유로 회당장 야이로는 자신의 신분과 체면을 다 버리고 12살 무남독녀의 회복을 위해 엎드리어 간구하였다. 그런데, 딸이 죽었다. 인간의 끝이 온 것이다. 죽었는데 더는 어떻게 하겠는가. 죽었는데! 아마 야이로는 그대로 기절을 해버릴지도 모른다.

예수님도 사태의 심각성을 파악하시고, 야이로에게 즉각적으로 말씀하셨다. "두려워 말고 믿기만 하라." 이 말이 얼마나 감사하고 고마운가. 언제 이런 말을 할 수 있는가. 나도 나의 능력으로 누군가를 위로해 본 적이 있다. 언젠가 누가 홈페이지 만드는 숙제를 하다가 결국 아무것도 못 하고, 다음 날 아침인 마감 시간에 걸려서 절망적인 상황에 있을 때, 내가 도와주었던 적이 있다. 그때 이렇게 말했다. "걱정하지 마세요. 어떻게든 내 일까지는 제출하게 해 드릴게요." 나는 홈페이지를 만들 줄 아니까 할 수 있는 말이었다.

예수님은 죽음을 알았다. 그는 창조주이시니까. 죽음이 인간에게 얼마나 두려운 것인가를 알았다. 그래서 두려워 말라고 말씀하셨다. 예수님은 죽음을 이기는 분이었다. 그래서 믿기만 하라고 하셨다. 그리고 소녀에게 말했다. 달리다굼. 이 말씀이 죽음의 벽을 뚫고 소녀에게 임한 것이다. 죽음도 주님의 명령에 순종한 것이다.

예수님께서 여기서 요구하신 믿음이 심오한 것일까? 요즘. 사람들의 속 깊은 사정들을 접하게 되면서, 그 감당할 수 없는 어둠을 만나게 되면서, 더욱더 주님을 바라보게 된다.

주께 긍휼을 구하고 싶다.

인도하소서.

| 가나의 혼인 잔치 |

예수의 어머니가 예수에게 이르되 저들에게 포도주가 없다 하니 (요한복음 2:2)

"얘야, 이 흥겨운 잔치에 포도주가 떨어졌다는구나."

마리아의 이 말이 단순한 푸념의 말이라면 그 뒤의 일들이 일어날 수 없다. 아마도 그전에도 이런 유사한 일, 그러니까 무엇인가가 부족한 상황이나, 사람들이 어려움에 처했을 때 예수가 이를 도와줬던 것을 알았기 때문에 예수께 이런 사정을 알려준 것은 아닐까.

그런데 예수는 이렇게 말씀하신다. "제 때가 아직 안 이르렀다는 걸 아시면서요. 제가 상관할 바가 아니에요."

예수님의 때를 마리아가 이해하고 있었을까? 출생부터 범상치 않은 아들이었기에, 만약 마리아가 예수를 메시아로 생각했다면 분명 그가 영광을 얻을 때를 기대하였을 것이다. 어쩌면 어머니로서 예수의 성장을 보며 아들이 무슨 생각을 하는지 물어보기도 하지 않았을까? 여하튼, 마리아는 예수님의 영광의 때를 은연중 바라고 기대하고 있었으리라. 물론, 마리아도 이 시골 혼인 잔치에서 포도주가 떨어진 난관을 예수께서 도와주면서 메시아의 영광을 받으리라 생각하지는 않았겠지만. 예수님이 마리아의 요청에 때를 거론하며 응대하신 것은 늘 아들에 대한 비상한 기대를 하고 있는 어머니의 마음을 아시며 이를 익살스럽게 말씀하신 것은 아닐까. 어머니가 기대하시는 그때는 아직 이르지 않았다고.

19

예수님은 이 갈등을 조용한 기적으로 해결하셨다. 물을 포도주로 변하게 하는 사건. 오직 순종했던 종들, 제자들, 그리고 어머니만 알 수 있는 절제된 기적을 행하셨다. 사도 요한은 이것을 예수님의 첫 번째 기적으로 기억한다. 몇몇 제자들만이 알았던 조용한 기적. 가나 혼인 잔치는 요한복음에만 기록되어 있다. 이 장면을 본 사도 요한이 조용히 자기 일기장에 기록해놓은 것처럼 말이다.

흥겨운 시골 마을 잔치에 등장하신 예수님과 마리아를 상상하면 떠들썩한 잔치 분위기에 어우러진 정겨운 모자 관계에 흐뭇해지고, 따뜻해진다. 그렇지만, 이 장면에서 예수님께서 말씀하신 때의 무거움은 깊은 여운을 준다. 자신이 키우고, 성장을 지켜보며 메시아라고 믿던 아들 예수가, 그래서 그의 때가 도래해서 아들과 이스라엘 민족이 영광 받기를 고대했던 이 여인이 아들의 때가 십자가의 고난의 때임을 알았을 때 얼마나 억장이 무너졌겠는가. 설령 미리 알았더라도, 어머니 마리아는 예수가 통과해야 하는 고난의 때를 마음으로 준비할 수 있었을까.

주님, 제가 이해하는 이 장면은 유쾌함과 친밀함과 존중과 배려가 어우러진 정말 아름다운 장면입니다. 그리고, 당신의 때를 묵상합니다. 십자가의 그 길. 주님, 인도하소서.

| 제자들 |

예수께서 이르시되, 와서 보라 (요한복음 1:39)

예수님께서 첫 제자들을 만나는 장면이다. 예수를 따랐던 제자들은 그에게서 무엇을 바랐던 것일까. 그에게서 무엇을 보았던 것일까. 주님께서 다시 이 땅에 오신다면 나는 사심 없이, 맑은 눈으로 그분을 알아볼 수 있을까. 더욱이, 지금 나는 그분의 오심을 기다리며 열처녀의 비유처럼 준비된 삶을 살고 있는가. 그분이 나를 구원하심은 믿되, 다시 오신다는 약속은 믿고 있지 않은 것은 아닌가. 아니면, 그 약속은 기억하지 않는 것인가.

처음부터 제자들이 예수님을 바르게 이해했다고 보이지는 않는다. 그러나, 결국에는 예수님의 사역을 이해하고 목숨을 다해 헌신했다. 우리도 처음부터 예수님과 교회를 온전히 이해하지 못할지 모른다. 그렇지만, 궁극적으로 그분은 우리 안에 변화를 이루어가실 것이다.

오래된 습성, 죄로부터의 결별. 늘 더디지만 다시 시작하자. 아직 내게 호흡을 주셨으므로 이생의 삶을 더 잘 살아서 주께 드리고 싶다.

한 가지 기억하고 싶은 것이 있다. 그것은 예수님께서 제자들과 3년을 동거하시며 양육하셨다는 것이다. 당시에 제자들과 예수님은 인간적으로 친했다. 주님은 그들과 기꺼이 교제하였다. 베드로는 예수님을 사랑하되 인간적인 의리의 차원에서도 사랑하였다. 예수님은 그들이 이해하고, 친숙해질 수 있는 인간의 몸으로 오셔서 그들과 함께 지내셨다. 물론 이러한 인간적인 친함은 불완전하다. 성령께서 오시기 전까지 단지 인간적인 의리나 의지만으로는 제자들은 그 소명을 다할 수 없었다. 그렇지만, 왠지 예수님과 친밀한 제자들을 상상하면 흐뭇하다.

　요한복음 마지막에 베드로가 사도 요한의 운명을 예수님께 묻는 장면이야말로 이 친밀함의 백미라고 나는 생각한다. 성경에서 가장 웃긴 장면이지 않을까. 예수님은 자신을 부인했던 베드로에게 3번 자신을 향한 사랑을 확인하시며 베드로가 앞으로 어떻게 주님의 일을 감당하게 될지를 알려주신다. 지금까지는 베드로가 살고 싶은 인생을 살아왔지만, 앞으로는 남이 네게 띠 띄우고 원치 않는 곳으로 데려갈 것이라는 어찌 보면 심각한 예언을 하고 계시다. 그런데, 호기심 많은 베드로가 이 진지한 장면에서 사도 요한을 가리키며 불쑥 이런 질문을 하는 것이다.

"주여 이 사람은 어떻게 되겠삽나이까?"

　만신창이가 된 베드로를 회복시키고 중요한 사명을 주고 있는 이 진지한 상황에 날아든 뜬금없는 질문에 예수께서 말씀하신 답도 재미있다.

"내가 올 때까지 그를 머물게 하고자 하더라도 네가 무슨 상관이냐? 너는 나를 따르라"

　남 상관 말고 너나 잘하라는 이 말씀. 읽을 때마다 웃음이 나오는 장면인데 예수님과 제자들의 이런 격의없는 친숙함이 부럽다. 사람들은 때로는 자신의 카리스마를 유지하기 위해 다른 이들과 거리를 둔다. 예수님은 오히려 그 반대이다. 진정한 하나님이시기에 거리를 둠으로써, 아니면 다른 장치를 통해 그분의 카리스마를 유지하실 필요가 없었다. 하나님이 요구하시는 것은 우리가 진실하게 그분 앞으로 나오는 것임을 믿는다. 그리고, 제자들처럼 주님을 이해하고, 그 사역에 동참하며 그의 나라를 위해 살아가도록 우리를 인도하실 것임을 믿는다.

| 너는 나를 누구라 하느냐 |

사람들이 나를 누구라고 하느냐. 여짜와 가로되 세례 요한이라 하고, 더러는 엘리야, 더러는 선지자 중의 하나라 하나이다. 또 물으시되 너희는 나를 누구라 하느냐(마가복음 8:27)

예수님은 제자들에게 질문하셨다.

"사람들이 나를 누구라고 하느냐?"

이스라엘의 어떤 선지자도 자신의 정체성을 묻는 질문을 제자들이나, 아는 이에게 던진 적이 없다. 이들이 선지자임을 확인할 필요가 없었다. 하나님의 말씀을 선포하는 자. 그가 선지자이다. 받아들여지건 그렇지 않건, 그들은 묵묵히 그 임무를 수행할 뿐이었다. 자신이 누구인가는 상관이 없었다.

그런데, 예수는 질문하셨다. 너는 나를 누구라 하느냐.

이 질문은 3년여의 공생애를 마치시고, 십자가에 달리시기 2달 전에 제자들에게 주어졌다. 그리고 이 질문은 2천년이라는 시공간을 뚫고 내게 다가왔다.

이 질문은 중요하다. 우리는 우리가 믿고 싶은 대로 예수를 믿는 것이 아니라, 예수께서 드러내신 자신의 정체성, 그 분의 말씀을 믿는 것이다. 이스라엘 백성들은 결국 예수를 하나님의 아들로 인정할 수 없었기 때문에 그를 십자가에 못 박은 것이 아닌가. 예수님께서 제자들에게 저 질문을 했을 때 민중들이 예수를 어떻게 인식하고 있는지 제자들의 답변이 쏟아져 나왔다. 엘리야, 예레미야. 심지어는 얼마 전에 죽은 세례 요한. 이스라엘 사람들은 예수를 선지자로 이해하고 있었다. 예수를 구약에서 말하는 메시아, 모세와 같이 이스라엘을 로마에게서 해방해 줄 것이라는 차원에서의 구원자로도 이해하였을 것이다. 그러니 예수가 하나님의 아들이라는 예수님의 말씀은 이스라엘의 이해와 결코 좁혀지지 않는 간극이 있었다. 그런데, 베드로에게서 하나님의 아들이라는 고백이 나온 것이다!

예수께서는 베드로를 칭찬하시면서, 이를 알게 하신 이는 하나님이라고 하셨다. 다시 말하면 하나님께서 깨닫게 하시지 않으면 우리가 이를 알 수 없다는 것이다. 그렇기에 우리의 고백은 전적으로 하나님의 은혜인 것이다.

예수님은 베드로의 고백을 듣고 그제서야 장차 닥쳐올 고난을 설명하신다. 그러나 이 부분이 제자들에게, 특히 베드로에게 어렵다. 베드로가 고백한 하나님의 아들이 많은 고난을 받고 죽임을 받고 삼일 만에 살아나야 한다는 것인데, 어찌 납득이 가겠는가. 왜 하나님의 아들이 고난을 받아야 하는가. 이스라엘 민족을 구원하기 위해 온 분이 왜 힘없이 죽임을 당해야 하는가. 죽었다가 3일만에 부활하는 것이 대체 무슨 의미란 말인가. 베드로의 이러한 고백은 우리의 신앙과 놀랍게 유사하다. 우리도 때로는 놀라운 신앙고백을 하고 간증을 하지만, 또 한편으로는 우리의 생각과 경험에 사로잡혀 있지 않은가.

베드로가 예수의 얼굴을 유심히 살펴보니, 농담하는 것 같지는 않다. 그래서 항변을 했더니, 주께서 하시는 말씀이 놀랍다.

"사단아 물러가라. 네가 사람의 일만 생각하고, 하나님의 일을 생각지 않는다."

예수를 믿기 전에 나는 늘 예수가 도대체 누구냐는 질문을 갖고 있었다.

세상을 지으신 하나님을 믿는 것은 어느 정도 이해할 수 있었다. 과학이 설명할 수 없는 것은 너무나도 많이 있기에 우리의 지식 너머의 존재를 인정하는 것은 일견 수긍할 수 있었다. 나는 이것을 소위 존재론적 겸손이라고 할 수 있을 것 같다. 대부분의 종교는 이런 것 아닌가. 인간보다 우월한 존재에 대한 믿음.

그런데, 갑자기 예수라니! 이스라엘, 나사렛 촌구석에서 태어나서 자신이 신의 아들이라고 나섰다가 십자가에 못박혀 죽은 자가 왜 중요한가? 그가 누구인데 그를 통하지 않고는 하나님을 만날 수 없다는 것인가?

미션스쿨을 다니면서 본의 아니게 들었던 성경수업에서 내 신앙의 여정이 시작되었다. 그 첫 단계는 바로 이 질문에 대한 답을 찾는 것이었고, 성경을 읽을 때마다 예수의 정체성에 집중했다. 대학에 들어가서는 예수에 관한 책을 여러 권 읽으면서 궁금증을 풀어가고 있었다.

그러던 차에 바로 이 질문을 묵상하게 된 것이다. 나는 예수라는 분을 역사적으로, 교리적으로 이해하고자 했었는데 이 질문은 너무나도 인격적으로 다가왔다. 너는 나를 누구라 하느냐. 다른 사람이 뭐라고 하는지, 신학적으로 뭐라고 하는지가 중요한 것이 아니라, 바로 너는 나를 누구라고 고백하느냐는 이 질문.

돌이켜보면, 신앙의 초기에 나는 예수님이 누구이신가에 대한 객관적인 답을 찾고 있었던 것 같다. 성경이 정확하게 무엇이라고 말하는지를 고민했고, 성경이 말하는 예수를 내가 받아들일 수 있는지 궁금했던 것 같다. 그래서, 그분을 영접하고도 한동안 그분의 하나님되심과 나를 구원하신 구주이심을 확신하기 위해 노력했다.

그런데, 이제 저 질문은 보다 주관적이고, 인격적으로 다가오고 있다. 나는 더 이상 예수가 하나님의 아들이고, 삼위일체 하나님이심을 고백하는

데 어려움이 없다. 그렇지만, 예수가 정말 내 삶의 주인인가 하는 질문에 답하는 것은 쉽지 않다. 베드로에게 예수를 하나님의 아들로 인정하는 것과 그가 고난을 겪어야 한다는 것을 동시에 인정하는 것이 모순이었다면, 지금의 내게는 예수를 온전히 나의 주인으로 인정하는 것과, 한편으로 내 삶에서 예수께 내어드리기 싫은, 예수를 주인으로 인정하기 싫은 영역이 있다는 것이 모순이다.

예수님을 영접한 지 30여년이 지난 지금, 이 질문은 내 신앙의 진정성을 되돌아보게 한다. 나는 정말 주님을 나의 주인으로 신앙하고 있는지. 이 질문이 점점 더 무거워진다. 내가 고백하는 그 고백에 합당한 믿음과 삶을 살도록 기도한다.

| 가룟 유다의 배반 |

유월절이라 하는 무교절이 다가오매 대제사장들과 서기관들이 예수를 무슨 방책으로 죽일까 궁리하니 이는 그들이 백성을 두려워함이더라. 열둘 중의 하나인 가룟인이라 부르는 유다에게 사탄이 들어가니 (누가복음 22:1-3)

어둠이 짙다. 타인을 죽임으로써 자신의 의로움을 증명할 수 있으며, 그렇게 해야 한다는 자기 확신, 자기 의가 두렵다. 체제 위협을 제거해야 한다는 저의, 하나님의 공의를 실현하기 위해 거짓 메시아를 죽여야 한다는 명분이 과연 하나님의 뜻인지 그들은 어떻게 확신했단 말인가.

누가는 보다 분명하게 사단이 어떻게 역사하는지 보여준다. 예루살렘의 지도자들을 부추긴 후, 구체적으로 유다에게 사단이 들어간다고 말하고 있다. 누가는 의사다. 의사는 사람의 몸이나 정신에 무엇이 들어간다라는 표현을 쉽게 쓰지 않을 것 같다. 그런데, 누가는 그렇게 표현하고 있다. 사단이 가룟 유다에게 들어갔다고.

그러면 유다는 왜 예수를 팔았을까. 열두 제자로서 동고동락한 의리를 팔기에 그 액수는 비록 적지는 않다고 하지만, 유다의 동기가 재정적인 것만은 아닌 것으로 보인다.

유다의 관점에서 생각해본다. 늘 자기보다 못한 3명의 제자를 사랑하고 그들에게 더 집중하는 예수. 자신이 몸을 던져 보좌하면 그 잠재력이 충분히 발현될 것 같지만, 내 뜻대로 되지 않는 사람. 정치력과 인기가 있는데도, 민중의 동원을 피하고 늘 방랑하는 삶을 사는, 도무지 이해할 수 없는 사람.

　이스라엘의 화려한 부활을 꿈꾸는 유다의 이상이 무색하게, 창기와 세리와 어울리며, 내 살을 먹고 피를 마시라는 알 수 없는 말을 하는 그분. 그의 능력을 보면 그는 메시아다. 그러나, 그의 삶을 보면 그는 왕이 될 수 없다는 이 아이러니. 그렇다면, 그는 도대체 누구란 말인가. 이런 번민이 인생을 걸고 예수를 따르고 있는 가룟 유다를 괴롭히지 않았을까.

　나를 죽이지 못하면, 나와 예수는 평행선을 그릴 수밖에 없다. 내가 예수를 이러한 사람이기에 따른다고 설정해놓으면, 예수가 그 틀에 맞추어지는가? 그렇지 않다. 이것은 지금도 마찬가지다. 우리가 흔히 범할 수 있는 오류 중 하나가 하나님과 예수를 내 틀에 맞추어 재는 신앙이다. 내 가치와 이상과 기준에 맞는 부분만을 기뻐하는 신앙.

　예수는 이러한 가룟 유다의 신실한 충고와 열정과 보좌에도 불구하고 자기의 길을 간다. 가룟 유다는 지칠 대로 지쳤고, 실망할 대로 실망했다. 이상의 좌절은 그를 소진시켰고, 분노의 폭발은 그를 마비시켰다. 그렇게 그의 마음에 사단이 들어갔다.

　주님. 당신의 고난을 받으심으로 우리가 회복을 얻고 나음을 입었음을 깊이 묵상하고, 체험하길 원합니다. 주님. 당신이 우리의 연약함을 체휼하시고, 우리의 부족함을 채우심으로 인해 감사합니다.

　주님. 고난을 겪은 이후에 부활의 소망이 있기에, 고난도 가치가 있는 것임을 믿습니다.

　새로운 일을 행하실 당신을 보게 하소서.

| 고별설교 |

오직 성령이 각 성에서 내게 증거하여 결박과 환난이 나를 기다린다 하시나 내가 달려갈 길과 주 예수께 받은 사명 곧 하나님의 은혜의 복음을 증언하는 일을 마치려 함에는 나의 생명조차 조금도 귀한 것으로 여기지 아니하노라. (사도행전 20:23~24)

주님을 만난 사람 중 가장 극적인 삶을 살았던 이가 사도 바울이 아닐까. 극적인 회심에서부터 목숨을 건 선교여행, 그리고 마지막 여정까지 그는 쉬지 않았다.

본문은 에베소 교회를 떠나는 바울의 고별설교다. 이제 그는 예루살렘으로 올라간다. 죽음을 예견하시며 예루살렘으로 올라간 예수님처럼 말이다. 유대주의라는 견고한 진을 파하고 복음이 싹트기 위해서 얼마나 많은 목숨이 사그라지고, 피가 뿌려져야 할까.

바울의 비장함이 눈시울을 뜨겁게 한다. 오직 하나님을 위해서 자신의 목숨을 초개처럼 내어놓겠다는 이 말. 복음은 이러한 영적 전사들을 통해 전진하였다. 자신의 영광을 구하지 않고, 오직 하나님의 말씀만이 흥왕하기를 전심으로 바라면서 때와 장소에 구애받지 않고, 복음을 전파한 이들의 희생과 헌신으로 복음은 지금까지도 면면히 그 전쟁을 치러온 것이다.

바울이 가고자 하는 길은 가시밭길이다. 사람들이 그러리라고 예상하는 정도가 아니라, 성령께서 고난이 있다고 친히 보여주고 계시는 것이다. 그런데도 바울은 그 길을 가고자 한다. 주 예수께 받은 사명, 복음의 증인이 되기 위함이다. 눈물이 난다. 이 결연한 소명의식이 지금까지 흘러 내려오고 있지 않은가.

여러분은 자기를 위하여 또는 온 양 떼를 위하여 삼가라 성령이 그들 가운데 여러분을 감독자로 삼고 하나님이 자기 피로 사신 교회를 보살피게 하셨느니라 (사도행전 20:28)

바울이 죽을 결심으로 예루살렘으로 올라가기 직전에 남긴 말이다. 진정한 목양의 심정이 어떠해야 함을, 주께서 피로 사신 교회를 어떻게 섬겨야 함을 마음에 깊이 담아본다.

주님. 기도하게 하소서. 바울의 저 심장을 본받게 하소서. 이곳에 있을 때만이라도. 기도할 만한 때 기도하게 하소서.

| 암운 |

날이 새매 유대인들이 당을 지어 맹세하되 바울을 죽이기 전에는 먹지도 아니하고 마시지도 아니하겠다 하고 (사도행전 23:12)

한편의 첩보 영화 같은 이야기가 성경에 펼쳐지고 있다. 바울을 죽이기로 한 유대인 40명. 결사대라 불러줘야 할까. 마치 카이사르를 죽이기로 작정한 브루투스 마냥 이들은 바울을 공회로 데리고 나오라고 요청한 후 그 나오는 도중에 암살하고자 하였다고 성경은 기록한다.

짙은 어둠을 본다. 복음의 빛이 강렬할수록 대비되는 짙은 어둠이 있다. 진리와 빛이 온전하게 선포될수록 어둠이 더욱 깊고도 진하게 드리운다.

여기서 하나님의 역전을 본다. 이 암살 기도는 결국 바울의 신변안전 문제를 가져오고, 바울을 가이사랴로 보내게 되는 계기가 된다. 그리고, 이는 바울이 로마로 가는 기회가 되는 것이다.

하나님의 뜻과 인간의 의도가 극명하게 대비되는 장면 같다. 유대인들의 암살 기도는 결국 이들의 그릇된 열심에서 비롯되는 것일 것이다. 그렇지만, 이를 좀 더 깊이 뜯어본다면, 질투와 교만이라는 두 개의 근본적인 어둠이 자리 잡고 있다. 하나님을 알고 있으며, 하나님께 선택받은 민족이라는 교만. 대중에게 퍼져나가는 예수의 인지도와 그에 대한 질시.

그들이 하나님을 정말 온전히 믿는다면, 바울의 생명을 그들이 아니라 하나님의 심판에 맡겨야 하는 것이 아닌가. 예수를 덮었던 그 짙은 교만과 질투라는 암운은 이제 바울을 향해 시시각각 다가오지만, 이를 오히려 위대한 선교의 기회로 전환하시는 하나님의 놀라운 역전을 바라보며 더할 수 없는 위로를 받는다.

주님.

당시 문화의 집결지였던 로마에 하나님의 복음이 선포됐던 그 놀라운 기적의 현장을 숙연하게 따라가 봅니다. 제 로마를 보게 하시고, 이를 위해 준비되게 하소서.

| two years |

내가 가이사께 상소하노라 (사도행전 25:11)

바울이 가이사랴에 머문 기간이 2년이다. 죽을 각오로 예루살렘에 올라
갔고, 암살위험을 영화처럼 벗어나며 긴박한 장면전환이 이루어진 것이 엊
그제 같은데, 이제 새로운 지경이 보일 것 같은데 다시 맥빠지게 전개되
는 2년의 세월.

유대 총독이었던 벨릭스는 바울을 유대인에게 넘기지도 않고, 그렇다고
석방하지도 않은 채로 2년 동안 잡아두었다. 벨릭스는 바울에게 석방을
위한 대가로 뇌물을 받기를 원했으며, 동시에 유대인들의 마음을 얻고자
바울을 구류하였다고 성경은 기록하고 있다.

아무리 같은 메시지를 전해도 변하지 않는 벨릭스. 예루살렘도, 로마도
아닌 어중간한 가이사랴. 자유도, 그렇다고, 투옥도 아닌 어중간한 구류
상태. 이 모든 것이 아마도 바울을 지치게 할 수 있었을 것 같다.

지금까지 바울은 자신의 힘으로 모든 상황을 개척해갔다. 그 과정에서
마케도니아 환상과 같은 성령의 인도하심도 생생하게 받아왔다. 한 번도
쉰 적이 없다. 그런데, 지금 여기서 바울이 할 수 있는 것이라고는 기다림
뿐이다.

나의 인생에서 그런 때가 있었는가. 혹은 지금이 그런 때가 아닌가를 자
문해 본다. 아무것도 진행되지 않는 것처럼 보일 때, 모든 것이 정지되어
있고, 하나님도 나를 잊은 것처럼 보일 때. 하나님의 비전인 로마를 잊기

에 충분한, 아주 느슨하게 지나가는 시간.

그때 변화가 찾아왔다. 새로운 총독이 부임하여 예루살렘 지도자들을 만난 것이다. 이 장면에서 성경은 참으로 놀라운 것을 보여준다. 2년 동안 변한 것이 아무것도 없다는 것이다! 유대 지도자들은 여전히 바울을 죽이고자 하는 계획을 잊지 않고 있었다! 어떻게 새로 부임한 총독에게 처음 하는 것이 바울을 다시 고소하는 것인가!

사단은 이 정적의 2년 동안 회심의 반격을 준비하고 있던 것이다. 사단이 일 발 장전하고, 한 발을 쏘았다. 새로운 총독 베스도는 말했다. 네가 예루살렘으로 가서 내 앞에서 그들과 함께 재판을 받겠느냐?

2년 동안 이유 없이 구류 받았던 바울에게 이것은 받아들임직한 제안이었을 것이다. 빨리 구류에서 벗어나서 다시금 왕성한 복음 사역을 펼쳐야 할 것 아닌가. 어쩌면 이것이 바울을 녹초로 만들려던 사단의 작전일 수도 있겠다.

그런데, 바울은 2년 동안 그 날카로운 영성에 전혀 녹이 슨 것이 아니었다. 그는 자신의 소명을 분명하게 알고 있었다. 끝이 보이지 않는 구류생활 가운데서도 그는 앞으로 가야 할 자신의 로마를 잊지 않은 것이다!

베스도의 제안에 바울은 아마도 천천히 얼굴을 들고 침착한 눈으로 말했을 것이다. 베스도여. 난 아무 잘못이 없다고. 그래서, 예루살렘에서 그들의 고소를 받아들일 이유가 없고, 오히려, 나는 가이사에게 나의 무죄를 호소한다고. 이것이 미적지근했던 2년의 세월이 흐른 뒤의 결과였다. 겉으로 보기에는 전혀 아무 일이 없이 세월만 흐른 듯이 보였지만, 치열했던 영적 전쟁은 2년 전과 전혀 다를 바 없다. 그리고, 바울은 그 무기력했던 기간을 온전히 이겨내었다.

이 장면이 주는 여운이 깊다. 깨어있지 못하기에 느려 보이지만, 여전히 치열한 영적 전쟁. 보이지 않고, 느끼지 못하고 있지만, 여전히 인도하고 계신 하나님을 바라보아야 한다. 아무것도 움직이지 않아 보일 때 필요한 것이 바로 믿음이다.

이렇게 2년이라는 정적의 장막이 깨지고, 이제 드디어 로마를 향한 발걸음을 내딛게 된다.

주님.

깨어있게 하소서. 환경에 영향을 받지 않게 하소서. 생각하는 대로 살게 하소서. 사는 대로 생각하지 않게 하소서. 그리고, 믿음을 가지게 하소서.

당신의 인도하심에 민감하게 하소서.

| 동역 |

내가 밤낮 간구하는 가운데 쉬지 않고 너를 생각하여 청결한 양심으로 조상 적부터 섬겨 오는 하나님께 감사하고 네 눈물을 생각하여 너 보기를 원함은 내 기쁨이 가득하게 하려 함이니(디모데후서 1:3-4)

디모데후서는 바울이 두 번째 옥에 갇혔을 때 자신의 죽음을 예견하고 쓴 서신서이다. 그만큼 바울과 디모데의 동역, 바울의 주님을 향한 내면의 기록들이 고스란히 담겨있다.

난 바울을 생각하면 눈시울이 붉어진다. 그의 인생. 그의 수고. 그의 고난. 그의 열심. 그의 종말. 바울은 복음을 위해 자신의 인생과 목숨을 초개처럼 던졌다.

아시아에 있는 모든 사람이 나를 버린 이 일을 네가 아나니(딤후1:15)

바울은 아시아의 모든 이들에게 배신을 당했다. 예수님처럼 바울도 자신의 마지막에 철저히 배신을 당한다. 육체적인 고난보다 더 마음을 무너뜨리는 것이 정신적 고난이다. 함께 웃고, 울며 동역하던 이들이 자신에게 등을 돌릴 때 바울이 느꼈을 암담함을 상상할 수가 없다.

그런 와중에 바울은 자신의 영적 아들인 디모데에게 편지를 보낸다. 배신을 묵상하면 끝없는 어둠을 보게 된다. 그렇지만, 동역을 묵상하면 소망을 볼 수 있다. 바울이 마지막으로 의지하고, 격려하며 격려를 받을 수 있었던 사람. 쉬지 않는 간구에 늘 떠오르는 사람. 그 사람의 믿음을 생각하면 자신에게도 불끈 힘이 되는 사람. 디모데가 바울에게 그런 사람이었다. 바울은 그를 보는 것이 자신의 기쁨이라고 말했다. 그의 믿음의 성장을 보고, 그의 눈물의 수고를 보고, 그와 함께 마음을 합해 하나의 비전을 보고 기도하는 것이 동역이요, 기쁨이다.

요즘 들어서야 각 지체 안에 살아계신 하나님을 더욱 선명하게 보게 된다. 그전에도 귀한 동역의 관계들이 있었건만, 바울의 심장으로 사모하고, 중보하지 못했었다.

이제는 동역자들을 위해 기도하고, 의지하며, 함께 수고하는 것을 더 소망하게 된다. 물론 아직도 부족하고 고립적이나, 주 안에서 하나가 됨을 더 깊이 맛보게 될 것을 믿고, 구한다.

주님.

하나님 안에서 참된 동역을 맛보게 하소서. 성령의 하나가 됨을 맛보게 하소서.

우리는 약하나, 우리 안에 계신 성령의 능력은 무한함을 신뢰케 하소서. 각 지체 안에 살아계신 하나님을 더욱 선명히 보게 하소서.

은혜의 강가로

그가 우리를
흑암의 권세에서 건져내사
그의 사랑의 아들의 나라로
옮기셨으니(골 1:13)

| 십자가의 길 |

아빠 아버지여 아버지께서는 모든 것이 가능하오니 이 잔을 내게서 옮기시옵소서 그러나 나의 원대로 마옵시고 아버지의 원대로 하옵소서 (마가복음 14:36)

잔이 옮겨지길 원하는 마음. 그러나 이때를 위하여 왔음을 아신다. 고난의 때, 모욕의 때. 우리의 구원은 이러한 예수님의 고난을 거쳐 이루어진 것이다.

어째서 이렇게 참혹한 고난의 길을 가셔야 했단 말인가. 꼭 이렇게 하셔야 했는가. 그 고난의 깊이만큼 우리의 죄악이 무겁고, 어둠이 짙음을 깨닫는다.

많은 관원이 예수를 믿었지만 드러내지 않았다고 얘기하면서 사도 요한은 그들이 하나님의 영광보다 사람의 영광을 구했다고 갈파한다. 난 이 지점이 너무 아프다. 내 마음에도 사람의 영광을 구하는 부분이 얼마나 많은가.

십자가를 묵상합니다. 그분께서 가신 길. 순종하신 길. 이사야서의 말씀처럼 우리가 나음을 받기 위해서 그분이 받으셔야 했던 고난. 그로 인해 얻은 우리의 생명. 이 모든 것을 묵상합니다. 그분이 겪은 고난의 의미를, 그것이 우리를 향한 사랑이셨음을 깊이 깨닫게 하소서. 주여. 인도하소서.

| 예언대로 |

요한복음을 읽는데 유독 눈에 들어오는 부분이 있다. 성경을 응하게 하려 함이라는 부분이다. 특히, 예수님께서 하신 행동에 대해 이러한 표현이 있다. 이것은 아마도 십자가를 지시는 예수님의 사역이 성경의 예언에 부합함을 증명하려는 사도 요한의 의도가 아닐까.

그러면 왜 예언이 있는 것일까. 그것은 현재 이루어지는 사건이 결국 하나님의 뜻임을 증명하기 위한 것일 것이다. 우연이 아니라 그분의 섭리 가운데 있다는 것을 어떻게든 우리에게 알려주시고 싶은 것이다.

또 하나, 18장 마지막 부분, 그 유명한 본디오 빌라도가 유월절에는 죄수를 한 명 놓아주는 전례가 있다며 예수를 놓아주겠느냐고 하자, 유대인들이 예수가 아니라 바라바를 놓으라고 외치는 무리를 묘사하며, 사도 요한은 마지막에 너무나도 쓰라린 첨언을 붙인다.

'바라바는 강도러라.'

이 말은 당시 유대인 지도자들의 양심과 영적 분별력이 얼마나 심각히 마비되었는지를 바로 보여주는 것이라 하겠다. 사도행전에는 이와 대비되게 베드로 일행의 전도를 핍박하지 않도록 하는 유대인 지도자들이 나온다. 하나님에게서 왔으면 흥할 것이고, 그렇지 않으면 쇠할 것이라며.

너무나도 아프지만, 하나님의 섭리와 예비하심 가운데 십자가를 지시는 예수님. 사도 요한은 정확히 바로 이 장면들이 성경의 예언대로 응한 것임을 입증한다. 예수님 자신도 이렇게 죽을 것임을 말씀하셨다. 예수의 죽음은 우연이 아니고, 하나님의 뜻을 위한 필연이었다.

| 유월(Passover) |

At midnigth, God struck every firstborn in the land of Egypt, from the firstborn of Pharaoh, who sits on his throne, right down to the firstborn of the prisoner locked up in jail. Also the firstborn of the animals. (출애굽기 12:29 , Message)

유월절이다. 열 번째 재앙인 죽음이 이집트 전역을 몰아쳤던 그 밤. 문설주에 피를 바른 집은 살았고, 그렇지 않은 집들은 전부 장자를 잃어야 했던 그 밤. 어찌 보면 그토록 잔인할 수는 없을 것 같은 그 밤이 끝내 찾아왔고, 아이를 잃지 않은 집이 없었다. Firstborn은 자신이 가진 가장 소중한 것을 상징하는 것이리라. 너무도 소중해서 자신의 생명과도 바꿀만한 그 생명이 세상에서 사그라졌다.

유월절은 심판과 보혈을 상징한다. 유월절은 심판이 있음을 보여준다. 그리고, 문설주에 바른 피는 그리스도의 보혈을 상징한다. 그 피가 우리가 심판을 passover 하게 하는 것이다. 부당하다고 생각되는가? 왜 문설주에 바른 피 따위가 우리를 심판하는 기준이 되어야 하느냐고, 지금껏 살아온 우리의 삶이 심판의 기준이 되어야 하지 않느냐고. 얼마나 피땀 흘려가면서 열심히 살았는데, 착하게 살았는데 그런 것들은 다 아무것도 아닌 채 내 마음 안에 그리스도가 있느냐 없느냐를 가지고 심판을 한다는 것이 불공평하지 않으냐고 항변하고 싶은 이들이 있을 것이다.

이것을 그냥 믿으라고? 천만의 말씀이다. 하나님은 구약을 통해서 언제

나 항변하시고, 쟁론하시면서 이스라엘 백성들과 선지자들을 이끄셨다. 믿음은 거저 오는 것이 아니다. 믿음 이전에 아는 것이 필요하다. 이 유월절을 통해 예수의 영적 의미를 알아야 한다. 그분의 이름과 보혈의 능력을 알아야 한다. 열 가지 재앙을 통해서야 비로소 하나님을 인정하게 되는 인간의 완악함을 알아야 한다. 죄로 인해 왜곡돼버린 세상의 비참함을 알아야 한다. 왜 우리가 옳다고 여기는 기준이 하나님께는 전혀 설득력이 없는지 철저하게 깨달아야 한다. 의인은 없나니 하나도 없다는 것을, 우리의 내면을 정직하게 직면해야 한다. 하나님의 그 두려운 눈앞에 감히 누가 자신이 의롭다고 설 수 있을 것인가.

유월절은 심판이 전적으로 하나님께 속해 있음을 보여준다. 세상의 중심이 되었던 이집트 문화 가운데서도 하나님의 심판은 엄연히 실재한다는 것을 보여준다. 심판에는 예외가 없음을 보여준다. 불순종의 대가는 멸망임을 보여준다. 그러나 우리 안에 새겨진 그리스도의 흔적이 우리를 Passover하게 하심은 전적인 복음이다. 감사할밖에.

주님. 날마다 복음 안에 충만히 거하게 하소서. 복음을 증거가 되게 하소서.

| 택 하 심 |

여호와께서 다만 너희를 사랑하심으로 말미암아, 또는 너희의 조상들에게 하신 맹세를 지키려 하심으로 말미암아 자기의 권능의 손으로 너희를 인도하여 내시되 너희를 그 종 되었던 집에서 애굽 왕 바로의 손에서 속량하셨나니 (신명기 7:8)

신명기 7장은 소중한 메시지가 가득한 장이다. 모세는 이제 하나님께서 앞으로 행하실 구체적인 역사를 예언하며, 그 과정에서 이스라엘이 조심해야 할 사항들을 말하고 있다.

우선, 그 땅에 들어가서 하나님의 백성으로서 영적 순결을 지키라는 것이다. 그리고 그들을 쫓아내는 과정에서 두려워하지 말고 하나님을 신뢰하라 말씀하신다. 하나님은 이스라엘 백성을 왜 택하였는지를 말씀하고 계신다.

그가 이스라엘 백성을 택한 이유, 아브라함을 부르신 이유는 그들이 잘나서가 아니라 하나님이 그들을 사랑했기 때문이라는 것이다. 가나안 정복이라는 하나님의 뜻을 이루는데 적합한 족속(인구가 많거나 힘이 강대한 백성 등)을 선택해서 그 뜻을 이루는 것이 아니었다. 사랑하는 백성을 택해서 비록 그 백성이 약하고, 부족하더라도 그를 도와 뜻을 이루어가는 분이 바로 내가 믿는 하나님이시다.

하나님께서는 이들을 위해서 적들을 서서히 멸하시겠다고 하셨다. 그분의 능력으로는 오히려 적들을 급하게 멸하실 수 있지만, 이스라엘 백성을 위해서 천천히 멸하신다는 것이다. 이스라엘의 시각과 너무나도 대조적인 하나님의 여유와 배려, 인내를 신뢰하게 되는 대목이다.

언약. 이것이 상호의 이익에 기반한 계약이 아니라, 서로의 신뢰와 더 나아가 사랑에 기반한 결혼서약이라고 생각하면 하나님의 뜻을 더 깊이 이해할 수 있을 것이다. 지키면 상 받고, 못 지키면 벌 받는 피상적인 이해가 아니라, 인격적인 관계 가운데 서로에 대한 책임을 지켜나가는 관계의 형성. 쌍방이 대등하지 않은데도. 완전하신 하나님과 불완전한 인간과의 결혼서약이다. 그래서 은혜가 아닌가.

주님.

당신의 택하심을 온전히 받아들이고, 당신의 능력을 신뢰하며, 당신의 인내를 이루게 하소서.

| 인간의 지혜, 하나님의 복음 |

"하나님께서는 무지했던 시대에는 눈감아 주셨지만, 이제는 어디에서나 모든 사람에게 회개하라고 명하십니다. 그것은 하나님께서 세계를 정의로 심판하실 날을 정해 놓으셨기 때문입니다. 하나님께서는 자기가 정하신 사람을 내세워서 심판하실 터인데, 그를 죽은 사람들 가운데서 살리심으로, 모든 사람에게 확신을 주셨습니다."(사도행전 17장, 새번역)

사도 바울이 당대 인류 최고 지성의 산실인 아테네에 복음을 선포한다. 위의 구절은 사도 바울이 소크라테스, 플라톤, 아리스토텔레스를 배출한 아테네, 그 거대한 철학의 산실에서 설파한 내용이다. 이 철학의 도시에서 사도 바울이 어떻게 예수의 복음을 전파하고 있는지 주목해 볼 필요가 있다.

첫째는, 사도 바울이 복음을 전하게 되는 계기가 아테네에 가득하게 차 있는 우상 때문이었다고 성경은 말한다. 원래 사도 바울은 다른 일행과 합류하기 위해 잠시 아테네에 머무른 것이었다. 그런데, 이 우상을 본 사도 바울이 격분해서 회당과, 시장에서 날마다 만나는 사람들과 변론하였다고 성경은 기록한다. 거룩한 분노라고 할 수 있을까. 나는 하나님을 위해 분노했던 적이 있었는지 자문해본다.

우여곡절 끝에, 아테네 사람들은 사도 바울에게 설교를 할 기회를 준다. 사도 바울은 아테네 시민도 신을 찾고 있고, 믿고 있다는 점을 말한다. 그들 안에도 영원을 갈망하는 마음, 즉 종교심이 있다는 것에서 대화의 접점을 찾는다. 그리고나서 바울이 믿는 신에 관해 말해주며, 신은 크신 창조주이시기에 인간이 만든 우상과 다르다는 사실을 분명히 선언한다. 또한 그 신이 한 사람을 지정하여 심판을 맡기셨고, 그가 세상을 심판할만한 존재임을 부활로 입증했다고 말한다.

당시 내가 그 자리에 있었다면, 나는 사도 바울이 전하는 신에 상당한 흥미를 느꼈을 것 같다. 사도 바울의 설교에서 뿜어져 나오는, 자신이 섬기는 신에 대한 자신감에 매료되었을 것 같다. 신에 대해 자신감있게 얘기할 수 있는 이가 누가 있을 것인가? 인간은 갈급하게 신을 찾지만 신을 아는 지식이 우리에게 없다는 것이 인간이 직면한 가장 본질적인 실존적 모순이지 않는가.

둘째는, 사도 바울이 전한 심판과 회개이다. 사도 바울은 접점을 찾아 다른 문화권의 사람들과 대화를 이어가지만, 그 대화의 궁극적 목적을 잊지 않는다. 그것은 바로 하나님의 심판과 회개에 대한 메시지이다. 막연한 갈급함과 호기심으로 신을 찾던 아테네인들에게 이 메시지는 그야말로 청천벽력이 아니었을까?

이는 정하신 사람으로 하여금 천하를 공의로 심판할 날을 작정하시고(사도행전 17:31)

오늘날 신앙생활을 하는 나도 구원의 문제가 해결되었다고 생각해서인지, 심판과 회개라는 주제를 더 이상 깊이 생각하지 않고 있는 것 같다. 그렇지만, 이 주제야말로 성경을 관통하는 메시지가 아니던가.

셋째, 이 모든 주장의 근거가 되는 것이 예수의 부활이다. 예수가 부활했기 때문에 사도 바울이 선포하는 심판과 회개의 권면도 설득력을 얻을 수 있는 것이다. 어떻게 이렇게 당당하고, 자신감 있게 예수의 부활을 선포할 수 있는 것일까? 사도 바울을 비롯한 초대교회가 증인의 삶을 순교에 이르기까지 살아낼 수 있었던 이유는 다른 무엇보다도 부활에 대한 생생한 체험 때문이었을 것이다. 당시만 해도 예수 부활의 증인들이 살아있었고, 사도 바울도 다메섹 도상에서 부활한 예수를 만나지 않았던가. 그렇지만, 우리가 그리스도의 부활을 직접 목격하거나 체험하지 않았다는 것이 우리의 미지근한 신앙에 대한 항변이 될 수는 없을 것이다. 성령께서는 오늘날에도 동일하게 역사하실테니 말이다.

마지막으로, 복음은 우리가 살고 있는 초라한 세상 가운데 우리의 육신을 입고 오신 하나님의 아들 예수를 통해 당시 만연해있던 플라톤적인 이데아와 현실을 구분하던 이원론적 세계관을 깨뜨린다. 하늘 영광을 버리고 우리의 역사 한가운데로 들어오신 하나님의 아들 예수를 생각하면 가슴이 뛴다. 순간의 삶을 사는 연약한 우리의 육신 가운데 영원을 사모하게 하는 성령이 거하시며, 하나님 나라가 하나님께서 피로 사신 교회를 통해 시작된다는 이 놀라운 소식에 오늘도 힘을 얻는 것이다.

| 은혜의 영성 |

"긍휼이 풍성하신 하나님이 우리를 사랑하신 그 큰 사랑으로 인하여 허물로 죽은 우리를 그리스도와 함께 살리셨고 (너희는 은혜로 구원을 받은 것이라) 또 함께 일으키사 그리스도 예수 안에서 함께 하늘에 앉히시니"(에베소서 2:4-6)

허물과 죄로 죽은 우리. 그러한 우리를 살리시고, 일으키시는 하나님. 극명한 대비를 이룬다. 그렇다면 이제 우리가 살아가는 목적은 무엇인가. 그리스도인은 이 시대에 어떠한 역할을 해야 하는가.

이러한 소명의 질문을 던지기 전에 저 구절을 다시 한번 깊이 되새기는 것이 필요함을 깨닫는다. 우리가 허물과 죄로 죽었던 존재임을, 또한, 우리를 살리신 하나님의 은혜를 깊이 느끼고 깨달을 필요가 있음을. 우리를 살리셨다는 의미는 영적인 면에만 국한되지 않는다. 그것은 우리의 인식, 삶의 태도 등 모든 면에 영향을 미친다.

엄청난 은혜가 우리에게 엄습했다. 우선은 이 은혜를 누리는 연습을 하는 것이 중요하다. 하나님께서 나를 구원하셨다는 것을, 인도하고 계심을 인정하고 늘 자각하는 것이 중요하다. 내가 하나님께 받아들여졌다는 것을 깊이 받아들이는 것, 하나님과 내가 화해를 했다는 것. 하나님께서 창세 전부터 나를 선택했다는 것. 성경이 말하고 있는 이 예정, 선택, 은혜를 내 것으로 깊이 받아들이고 하나님 안에서 인정받은 존재, 하나님께서 나를 구하기 위해서 놀라운 희생을 하셨다는 것을 깊이 마음에 각인하는 것이다. 나는 소중한 존재다. 내가 잘나서가 아니라, 하나님께서 우리를 소중하게 생각하시기 때문이다.

하나님의 은혜를 순순히 받아들이는 연습을 하자. 이것이 우리의 정체성을 형성한다. 은혜에 감격해야 은혜를 흘려보낼 수 있다.

주님. 제게서 은혜의 향기가 나게 하소서.

| 자유 |

갈라디아서에서 바울이 진심으로 하고 싶은 말은 바로 이 구절이라고 나는 생각한다. 그리스도께서 주신 자유.

하나님께서 우리를 자유롭게 하셨다는 말은 무슨 의미인가. 우리는 그 이전에는 자유롭지 못했는가. 성경적 관점에서 보면 그렇다. 우리는 죄에 얽매여 있었다. 하나님을 부인한 죄, 하나님을 떠나 있었던 죄. 우리가 지각하지 못하고 있지만, 우리를 죄와 사망의 법으로 옭아매고 있었다. 우리는 하나님을 떠나 있었다. 우리는 하나님과 대화하고, 영적인 교제를 나눔으로써 하나님께서 주신 자유를 누리도록 창조된 존재이나, 하나님을 잊어버림으로써 육신은 살아있어도 영혼은 방향을 잃은 채 헤매게 되었다. 그런데, 바로 이 깨어진 관계를 회복하기 위해 예수께서 오셨다. 그리고, 바울이 갈라디아서에서 선언하듯이 우리에게 자유를 주셨다.

이 자유라는 단어를 입으로 말만 해도 정말 자유로워질 것만 같다. 우리의 영혼을 옭아매던 죄와 사망의 법에서 우리를 해방하셨다. 이를 믿으면, 능력이 되어 우리에게 임한다.

우리에게는 관성이 있다. 습관보다도 더 질긴 습관. 체화된 습관을 관성이라고 부른다면, 우리는 죄와 사망의 법에서 종노릇 하던 관성이 있다. 어두운 관성이다. 종으로 수십 년을 살던 사람을 어느 날 느닷없이 노예

52

문서를 다 찢어주고, 넌 이제 자유다라고 선언하면, 그 순간부터 그는 과연 자신의 자유를 한없이 누릴까?

바울은 우리에게 다시는 종의 멍에를 메지 말 것을 부탁한다. 그러기 위해서 굳게 서라고 호소하고 있다. 자유를 지키고, 누리기 위해서 우리는 굳게 서야 한다.

종의 멍에. 옛사람. 영적으로 민감해질수록 자유와 첨예하게 대립하는 개념이다. 우리가 이미 얻은 자유를 누리기 위해서는 우리의 옛사람을 죽여야 한다. 영혼을 무던히 침범해 오는 교만, 방탕, 음란, 탐욕 등 온갖 사단의 목소리를 죽여야 한다.

그래서, 바울은 날마다 죽는다고 고백했지. 나를 죽이고, 내 안에 그리스도가 살 때 나는 자유를 얻을 수 있다. 이것이 정말 참된 자유이고, 영혼의 자유이다.

나를 죽이는 것이 진정한 자유로 가는 길임을 아는 데까지도 꽤 많은 시간이 걸렸다. 이 진리가 체화되기까지, 온전한 자유를 누리기까지는 또 많은 시간이 걸릴 것이다. 그렇지만, 이를 깨닫는지 아닌지가 우리 삶의 기점이 되지 않을까.

주님.

다시는 종의 멍에를 지고 싶지 않습니다. 하지만 쉽지 않습니다. 늘 넘어지지만, 세상의 어떠한 것도 하나님의 사랑 안에서 우리를 끊을 수 없다는 주의 말씀을 붙잡습니다.

강건하게 하시고, 견고하게 하소서. 인도하소서.

| 거룩으로 부르심 |

"하나님이 우리를 구원하사 거룩하신 소명으로 부르심은 우리의 행위대로 하심이 아니요 오직 자기의 뜻과 영원 전부터 그리스도 예수 안에서 우리에게 주신 은혜대로 하심이라"(디모데후서 1:9)

하나님께서는 구원을 통해 우리를 거룩한 소명으로 부르셨다. 거룩하신 소명은 무엇을 말하는 걸까? 영어는 이 소명을 '삶'으로 번역하고 있다. 그냥 삶이 아니라 '거룩한 삶'일 것이다. 즉, 우리를 구원하신 것은 우리가 거룩한 삶을 살게 하기 위함이라는 것이다.

사도 바울은 이 구원이 우리의 행위 덕이 아니라고 강조한다. 오직 하나님의 뜻과, 창세 전부터 그리스도 예수 안에서 우리에게 주신 은혜대로 하신 것이라고 강조한다. 우리의 구원이 우리에게 달려있다면 얼마나 불안할까. 우리의 행위가 항상 옳을 수가 있는가. 설령 한때는 선에 거할 수 있었을지라도 다음 한순간 실수를 할 수도 있지 않은가. 구원이 하나님의 뜻과 은혜로 이루어진다는 것은 구원의 완전성과 안전성을 말해주는 것 같다.

구원은 또한 이 땅에서 거룩한 삶으로 부르시는 것이라고 한다. 하나님의 뜻을 좇아 살아가는 삶. 적용해야 할 곳이, 거룩으로 맑아져야 할 삶의 부분이 너무나도 많다. 그러나 포기하지 않는 것은 구원이 우리에게서 온 것이 아니기 때문이다. 정화의 에너지가 우리에게서 나는 것이 아니요, 하나님에게서 오는 것이기 때문이다. 구원 이후 성숙을 향한 긴 여정 가운데

굽이굽이 이 은혜가 있다는 것이 감사하다.

하나님, 창세 전부터 우리를 택하시고 부르신 은혜를 묵상합니다. 우리의 구원이 당신의 뜻이기에 흔들리지 않고, 안전함을 믿습니다. 이 영혼의 안전이 우리의 삶의 거룩한 변화를 끌어내게 하소서.

| 믿음 없는 빙자 |

악귀가 대답하여 이르되 내가 예수도 알고 바울도 알거니와 너희는 누구냐
하며 (사도행전 19:15)

바울이 귀신을 쫓는 것을 본 지역 마술사들은 호기심이 동했던가 보다.
그들도 흉내를 내었다. 그들은 시험적으로 악귀 들린 자에게 바울이 전파
하는 예수를 빙자하여 너희에게 명한다라고 하였다. 그러나 귀신은 이렇
게 대답한다. 예수도 내가 알고, 바울도 내가 알거니와, 너희는 누구냐!

귀신을 쫓는 것은 바울의 능력이 아니다. 예수의 이름에 의지해서 쫓아
내는 것이다. 예수의 이름을 의지하는 믿음을 통해서 하나님께서 역사하
시는 것이다.

그런데, 어떤 이들은 예수의 이름으로 귀신을 쫓는 것이 아니라, 시험적
으로 예수의 이름을 빙자해서 귀신을 쫓았다고 성경은 기록한다. 현대어
성경을 보니, 이 '빙자하여'라는 말은 '사용해서'라는 말로 번역되어 있다.

예수의 이름으로 귀신을 쫓는 것과, 예수의 이름을 사용해서 귀신을 쫓
는 것과 무엇이 다른가. 마치 예수께서 거짓 선지지들에게 너희가 주의 이
름을 부르나, 나는 너희를 도무지 모른다 한 것과 같은 맥락 같다. 그들은
예수를 믿는 믿음이 없었으리라.

예수의 이름은 믿음과 화합했을 때 빛을 발한다. 믿음은 부분적인 것이
아니다. 믿음은 시험적으로 어떤 것을 해본다는 것과는 정확하게 반대되
는 것이다. 예수의 이름을 사용할 때는 그분께서 우리를 위해 행하실 수

있으며, 기꺼이 행하시리라는 믿음에 근거해야 한다. 행하시면 좋고, 아니면 그만이라는 시험적인 기도는 애당초 성경에서 말하는 것이 아니다.

예수를 믿는 믿음은 생명을 가져다 준다. 그것 자체가 목적이며 무엇을 위해 사용하는 수단이 아니다. 귀신이 쫓겨나는 것은 예수를 믿는 자녀들에게 하나님께서 주신 놀라운 믿음의 권세로 인한 것이다. 예수의 이름이라는 특정한 코드를 사용했기 때문에 귀신이 쫓겨나는 기계적인 현상이 아니라는 것이다.

기적은 이를 이용하여 밥 벌어먹는 이들을 위해 존재하는 한가한 소품이 아니다. 기적은 생의 처절함 가운데 있는 이들에게 하나님의 살아계심을 보여주어 이들을 구원하시려는 강권적 역사이다.

예수의 이름에는 이러한 놀라운 하나님의 치유와 회복의 은혜가 담겨있다. 믿을 때 이 모든 은혜가 우리에게 임할 것이다. 이것을 받아들인 이들을 통로로 하여 하나님의 은혜가 사방으로 전파될 것이다.

예수를 인격적으로 만나지도 않았고, 그분의 능력도 알지 못하고, 그분의 약속도 생판 모르는 이들이 단지 나타나는 현상만을 가지고 그분을 흉내 내보려고 하였을 때, 귀신들도 흥분하여 이들을 공격하였다고 성경은 말한다.

다행스럽게도, 마지막 장면은 해피엔딩이다. 마술사들이 예수의 이름의 두려움을 알게 되고 자신이 의지한 마술책들을 불사르고, 예수를 믿게 되었다는 것이다. 참되게 의지해야 할 대상을 온전히 알게 된 것이다.

주님. 예수의 이름을 빙자하고 있는 삶의 부분이 있다면 이를 깨닫고 주께 온전히 드리게 하소서.

| 존중 |

하나님은 그 손가락만 까딱해도 그 존재감을 확연히 부각시키실 수 있으며, 믿음을 강요하실 수 있다. 그런데도, 하지 않으시는 것은 우리를 우리로서 인정하고 받아들이신다는 것이다.

존중은 포기도 아니요, 방관도 아니다. 하나님께서 우리를 존중하시고, 우리의 자유의지를 존중하시고, 우리의 인격을 존중하시는 것은, 내가 사랑하는 사람이 나를 그 의지로 사랑해줄 때, 그 사랑을 받고 있음에서 느껴지는 안식과도 같은 포근함일 것이다.

하나님은 바로 그것을 원하시는 것이다. 세상에는 사랑에 대한 수많은 왜곡이 있다. 사랑을 받지 못하기에 이를 강탈하고자 하며, 사랑을 받지 못했기에 다른 것으로 그 마음을 채우고자 한다.

그러나, 하나님께서는 우리가 그를 사랑하지 않았음에도 우리를 위해 그 사랑을 포기하지 않으셨다. 그것이 우리를 사랑하신 사랑이고, 우리를 존중하시는 존중이다.

믿음을 통한 구원이 싸구려라고 생각되는가. 그것은 하나님께서 우리를 존중하시는 표현이다. 하나님은 우리의 믿음을 강탈하실 수 있다. 그것을 하시지 않는 이유는 당신을, 나를 존중하시기 때문이다.

하나님은 우리의 사랑을 강탈하실 수 있다. 그렇게 하시지 않는 이유는 우리의 자발적 사랑을 갈급하시기 때문이다. 이것이 진정한 사랑이다.

| 하나님을 안다는 것 |

내가 네 곁으로 지나갈 때에 네가 피투성이가 되어 발짓하는 것을 보고 네게 이르기를 너는 피투성이라도 살아 있으라 다시 이르기를 너는 피투성이라도 살아 있으라 하고 (에스겔 16 : 6)

그분의 사랑을 묵상하면 놀랍기 그지없다. 늘 연약하고, 넘어지기 쉽고, 부족한 나 하나를 사랑하신다는 것을 솔직히 이해하기가 쉽지 않다. 왜 사랑하나. 사랑할 만한 가치가 있어 보이지 않는 나를 왜 사랑하시나.

우리는 사랑할 만한 가치가 있는 대상을 사랑한다. 외모나, 성격이나, 함께 있었던 추억, 또는 능력이나 재물. 그러나 하나님께서 우리에게 그러한 것을 가치로 보시겠는가.

그 점에서 에스겔 16장은 놀랍다. 태아 적부터 버려져 있던 아기를 거두어서 탯줄을 끊고, 피를 닦으시고, 곱게 키우셨다. 이것이 그분의 사랑이라고 말씀하신다.

내가 그를 먼저 사랑한 것이 아니요, 그가 나를 먼저 사랑하신 것이다! 할렐루야! 얼마나 놀라운 메시지인지. 그의 사랑은 아버지의 사랑, 남편의 사랑, 자비하고, 긍휼함과 동시에 뜨겁고, 열정적인 사랑이시다.

그의 사랑은 결코 우리에게서 끊어지지 않는다. 그런데, 이 부분을 사람들은 쉽게 받아들이지 않는다. 왜냐고 묻는다. 하나님의 사랑도 죄를 지으면 끊어지지 않나요? 지금 내가 이렇게 죽게 생겼는데, 그분의 사랑은 어디에 있나요? 그분의 사랑이 끊어지는지 아닌지를 어떻게 확인하나요?

그분의 사랑을 받은 이스라엘의 역사는 참 순탄하지 않았네요. 기타등등.

어떠한 고난 가운데서도 그분의 사랑이 우리를 덮고 있다는 믿음. 이것은 쉽지 않은 믿음이다. 또한 이것은 나를 바라볼 때 생기는 믿음이 아니다. 나는 그분의 사랑을 받을만한 가치가 없는 존재이기 때문이다.

이 믿음은 그를 바라볼 때 생기는 믿음이다. 신실하고, 거룩하시며 알파요 오메가이신 그분의 존재가 먼저였고, 우리를 창조하신 창조주이기 때문에, 사랑은 태초부터 그의 속성이기 때문에 가능한 것이다.

그리고, 우리의 가치는 우리가 바라보는 대로 측정되는 것이 아니다. 우리의 가치는 그분의 눈으로 측정되는 것이다. 아버지께서 가치의 부재로 허덕이던 내게, 내 안에 있는 성령의 역사가 곧 나의 가치라고 일깨워주신 적이 있다.

네가 나를 바라보고, 내가 기뻐하는 삶, 나의 나라를 위해 살고자 하는 마음을 가졌다는 것이 내가 바라보는 너의 가치이다. 난 그러한 너를 시작하고, 성숙시키기 위해서, 네게 새 생명을 주기 위해서 내가 가장 사랑하는 것을 희생하였다. 네가 어둠과 죄 가운데 거하고 있을 그때 이미 나는 너를 사랑하였다. 그러니, 이제 네 자신을 받아들이거라. 너를 향한 나의 사랑은 네가 이해할 수 없이 깊다. 너를 향한 나의 생각은 평안이요, 축복이다. 네 인내를 이루어라. 내가 지금 너를 인도하고 있다. 지금의 네 모습이 어떠하다 할지라도, 난 너를 성장시킬 것이다. 너도 이러한 내 사랑을 깨달아 알고, 그 사랑을 전하도록 하라. 끝까지 네게 주어진 이들을 위해 기도하라. 내가 포기하지 않듯이 너도 포기하지 말거라.

우리는 사랑을 우리의 경험과 언어로 이해한다. 그렇지만, 애당초 사랑은 우리의 세계에서는 깨어진 채 존재하는 것이다. 무한하고, 궁극적인 원형의 사랑은 아버지에게 속한 것이다. 그 사랑이 우리를 쫓아왔고, 우리를 덮었으며, 지금도 우리를 감싸고 있다.

성경에서 이러한 메시지를 읽어낸다는 것은 성령의 은혜가 아니고서는 쉽지 않을 것이다. 사단은 무던히도 이 메시지를 왜곡하고자 한다. 인과응보의 하나님. 거룩해서 다가갈 수 없는 하나님. 전쟁의 하나님.

하나님을 알아간다는 것이 얼마나 가슴 벅찬 여정인지.

인생 가운데 인내를 온전히 이루어야 할 부분이 얼마나 많은지.

그러나, 그 가운데 하나님의 임하심을 통해 그분을 더욱 알아가고, 인생을 더욱 깊이 알아가는 것이 우리가 받은 놀라운 복이다.

주님.

당신의 사랑에 확고히 뿌리를 내리게 하소서.

사랑의 매개체가 되게 하소서.

인생에 대해 좀 더 넓고 깊은 안목을 가지게 하소서.

타인의 삶과 더욱 연계될 수 있는 여유를 허락하게 하소서.

당신을 알아가게 하소서.

주신 비전을 간직하고, 기도 가운데 이루어가는 인내를 허락하소서.

감사합니다.

| 악이라는 바이러스의 치료제 |

모든 사람이 죄를 범하였으매 하나님의 영광에 이르지 못하더니 (로마서 3:23)

로마서 3장은 인간의 망가진 실존적 상황은 이방인뿐 아니라 유대인들도 마찬가지임을 역설한다. 이것이 성경의 선언이요, 우리 실존의 위태로운 상황이다.

모든 인류가 죄라는 바이러스에 감염이 되어있다. 이 죄는 단순히 나쁜 일을 행하는 것뿐 아니라 우리의 생각, 가치, 세계관을 타락시킨다. 궁극적으로 우리의 생각이 허망하여져서 우리는 하나님을 잊고, 그를 부인한다. 선의 세계에 악이라는 바이러스를 초대한 이는 첫사람이었고, 이후 세계는 악에 오염되었다. 악에 오염된 인간은 결국 하나님의 영광에 이르지 못한다. 목적을 잃고 방황한다. 우리의 인생은 그런 것이 아닌가.

여기 이제 치유제가 있다. 백신이 있다. 그것이 예수 그리스도를 통한 복음이다. 복음은 모든 이들에게 영향을 주는 궁극적인 해법이다. 이 복음을 내 것으로 받아들이려면 믿음이 필요하다. 믿음을 통해 복음의 백신을 맞는 것. 이 믿음이라는 단어의 놀라운 힘을 보라. 이 믿음은 결국 하나님과의 인격적인 관계, 하나님의 백성, 자녀가 되는 관계의 출발점이자 모든 것이다.

우리의 존재 너머에 계신 이의 손을 잡는 방법은 믿음밖에 없다. 믿음은 그분께서 기뻐하시는 것이다. 하나님과의 인격적인 관계를 강조할 때 우리는 믿음을 소위 '바코드 신앙'처럼 이해하지 않는다. 우리는 믿음을 말할 때 하나님께서 우리를 사랑하셨다는 그 사실을 믿음으로 고백한다. 하나님이 하신 일뿐 아니라 하나님의 의도를 믿는다. 팩트 뒤에 이를 일어나게 하는 그분의 의지를 믿는 것이다. 바로 이 하나님의 사랑을 믿는 데서 회복의 능력이 발현된다. 궁극적으로 십자가는 하나님의 사랑이다.

주여. 제가 믿음으로 한 걸음 한 걸음 나가게 하소서. 믿음으로 하나님의 사랑을 온전히 의지하고 신뢰하게 하소서. 믿음으로 새로운 시작 가운데 당신께서 함께하심을 보고, 또 제가 할 일이 있음을 깨닫게 하소서.

| 은사 |

사랑을 추구하며 신령한 것들을 사모하되 특별히 예언을 하려고 하라 (고린도전서 14:1)

은사에 관한 바울의 태도는 분명하다. 바울은 신령한 것에 대해서 '너희가 모르기를 원치 않는다'라고 말한다. 이는 장성한 분량에 이른 성도가 경험하게 되는 믿음의 신령한 영역은 분명히 존재한다는 말이지 않겠는가. 은사는 이 신령한 부분에 속하는 것이다.

바울은 두 가지의 극단을 피해가고 싶어하는 것으로 보인다. 첫째는, 은사를 부정하는 것이다. 믿음에서 신령한 현상들을 배제하는 것이다. 많은 기독 지성인들은 지성이라는 틀로 인해서 신령한 것에 은연중에 거부감을 가지고 있지 않은지. 그러나, 사도 바울은 여러 차례 신령한 것에 관해 이야기하고 있다.

둘째는, 신령한 것에 빠져 질서를 잃어버리는 것을 경계하고 있다. 고린도전서 12장에서 은사의 실체를 설명하면서 결국 이 모든 것은 모두 한 성령께서 주신 것임을 역설하고 있다.

이 모든 일은 같은 한 성령이 행하사 그 뜻대로 각 사람에게 나눠 주시느니라 (고전 12:11)

은사의 함정은 교만이라는 생각이 든다. 남이 하지 못하는 능력을 행사하게 됨으로서 우리 안에 내재한 본연의 교만이 고개를 들고 일어날 수 있지 않겠는가. 바울은 바로 이 점 때문에 질서대로 행하라, 사랑으로 행하라, 교회의 덕을 위해 사용하라고 거듭 훈계를 하고 있다.

은사의 또 하나의 함정은 이것이 마치 구원의 징표로 사용되는 것이다. 성령세례의 증거로 방언을 거론하는 것이 그 예일 것이다. 그렇지만, 난 방언을 구원의 증거이자 성령세례의 증거라고 연결하는 것은 성경적이 아니라고 생각한다. 은사는 말 그대로 선물이지, 보편적인 기준이 될 수는 없다.

어떤 사람에게는 성령으로 말미암아 지혜의 말씀을, 어떤 사람에게는 같은 성령을 따라 지식의 말씀을, 다른 사람에게는 같은 성령으로 믿음을, 어떤 사람에게는 한 성령으로 병고치는 은사를, 어떤 사람에게는 능력 행함을, 어떤 사람에게는 예언함을, 어떤 사람에게는 영들 분별함을, 다른 사람에게는 각종 방언 말함을, 어떤 사람에게는 방언들 통역함을 주시나니 이 모든 일은 같은 한 성령이 행하사 그의 뜻대로 각 사람에게 나누어 주시는 것이니라 (고린도전서 12:8-11)

다 사도이겠느냐 다 선지자이겠느냐 다 교사이겠느냐 다 능력을 행하는 자이겠느냐 다 병고치는 은사를 가진 자이겠느냐 다 방언을 말하는 자이겠느냐 다 통역하는 자이겠느냐 너희는 더 큰 은사를 사모하라 내가 또한 가장좋은 길을 너희에게 보이리라 (고린도전서 12:29-31)

은사의 능력과 더불어 빠지기 쉬운 함정을 염려하던 바울이 이제 충분히 우려를 피력했다고 생각하자, 14장에서는 신령한 것을 사모하라고 권고하고 있다.

"사랑을 따라 구하라. 신령한 것을 사모하되 특별히 예언을 하려고 하라"

성령 하나님이 사도 시대와 지금까지 같다면 난 사도 바울의 이 권고를 그냥 지나칠 수가 없다는 생각이다.

자문해본다. 나는 예수를 믿은 이래로 신령한 것을 사모해왔던가. 별반 그렇지 않은 것 같다. 그 이유는 무엇인가. 지금의 내 믿음에 대체로 만족하고 있으므로? 사도 바울은 신령한 것을 사모하되 그 마음의 근저가 호기심이나, 자기를 드러내고자 하는 마음이 아닌 사랑으로 할 것을 권고하고 있다. 사도 바울이 누차 강조하듯이, 결국 예언을 사모하라는 말은 이를 통해 교회의 덕을 드러내고, 하나님의 나라를 확장하기 위해 이러한 신령한 것을 사모하라는 의미이다.

신령한 것을 사모하고 사랑을 따라 구하라는, 특히 예언을 구하라는 그 권고에 새삼 정신이 바짝 든다. 신령한 것을 사모하게 하소서. 당신을 제한하지 않기를 바랍니다. 제 안에 사랑을 채워주소서.

믿음의 선배들

아수라장 같은 절망 가운데 임하는
하나님의 구원

| 아브라함 |

"아브라함이 나이 많아 늙었고 여호와께서 그에게 범사에 복을 주셨더라"
(창세기 24:1)

창세기 24장은 아브라함이 하나님께 복을 많이 받았다는 것을 담담하게 서술하고 있다. 그의 생애에 어려움이 없었던 것은 아니지만, 말년은 평탄하였음을 집작하게 한다. 하나님께서 범사에 복을 주셨다고 하는데 나는 이 복이란 일상의 평안함이 아닐까 싶다. 즉, 걱정거리가 없도록 안전하게, 평안하게 하셨다는 뜻 말이다.

흥미로운 것은 아브라함에게 자기의 모든 소유를 맡긴 늙은 종이 있었다는 것이다. 24장을 읽는 내내 아브라함과 이 종과의 신실한 관계를 보며 인간 사이에서 신뢰의 관계란 무엇인가를 생각하게 된다. 오랫동안 함께하며 자신의 전 재산까지도 맡길 수 있는 사람이 있다는 것은 더없이 귀한 복이다. 그리고, 우리가 하나님께 그러한 사람이 될 수 있다면 얼마나 좋을 것인가.

아브라함에게서도, 그 종에게서도 특징을 하나 찾는다면 그들에게 사심이 없었다는 것, 두 마음을 품지 않는다는 것이 아닐까 한다. 이 사람에게 이렇게 하면 내가 얻는 이익은 무엇이냐는 계산적인 삶이 아니라는 것.

아브라함이 현실적이지 않은 사람인가? 그렇지 않다. 그는 사라의 미모가 자신을 위협에 처하게 할 수 있음을 예측하고 자신을 보호하는 일종의 사기도 쳤다. 험악한 이웃의 정세를 보며 자신의 사병을 키우고 힘을 비축

했다. 그는 마냥 당하기만 하는 순진하고, 수동적인 사람이 아니다.

그런데도 그의 마음은 깨끗하다. 그는 욕심을 따라 소돔으로 들어가지 않고, 욕심을 따라 힘을 자랑하지 않는다. 그의 말에는 변개하지 않는 신뢰가 있다. 타인의 곤경을 살필 수 있는 배려도 있고, 긍휼히 여기는 마음이 있다. 나는 그의 이러한 굵고 신뢰감 있는 인격이 하나님의 복을 담을 수 있는 그릇이라는 생각이 든다. 여하튼, 24장의 시작에 아브라함과 그 종의 관계를 보며, 이러한 굵고 깊은 인격의 울림을 사모하게 된다.

하나님. 인간의 삶에 복을 주시고, 평탄케 하시는 당신의 선한 인도하심을 사모하게 됩니다. 당신의 형상을 닮아가는 것을 진정 사모합니다. 제 길에서도 당신의 선하신 인도하심을 소망합니다. 잠잠히, 겸손히 당신과 동행하게 하소서.

| 민족의 흥망성쇠 |

요셉에게 이르되 하나님이 이 모든 것을 네게 보이셨으니 너와 같이 명철
하고 지혜 있는 자가 없도다 너는 내 집을 다스리라 (창세기 41:39-40)

성경에는 여러 나라의 흥망성쇠가 그려져 있다. 흥망성쇠는 상당 부분
그 민족의 영적 건강상태에 달려 있었다. 하나님의 사람이 받은 지혜와 은
총에 좌우되는 경우도 있다. 민족을 집결시킬 수 있는 구심점이 되는 목표
도 중요할 것이다. 잠언은 "묵시가 없으면 백성이 방자히 행하거니와"(잠
언 29:18)라고 말하는데 여기서 묵시는 민족이 나아가야할 비전이라고도
볼 수 있을 것이다. 하나님의 사람이 그 민족이 나아갈 길을 보여준다면
소망이 있을 수 있다.

성경에는 훌륭한 지도자가 많지만, 이집트의 중흥을 가져온 요셉의 이
야기는 특히 흥미롭다. 파라오가 꾼 7년 풍년과 7년 흉년의 꿈을 해몽해
내는 요셉. 미래를 안다는 것도 흥미롭거니와, 다가올 미래의 난관을 극
복하기 위한 치열한 지혜가 마음을 뛰게 한다.

다가올 미래를 알려주시는 하나님의 모습이 신비롭다. 장장 14년. 한 국
가의 운명을 결정지을 미래의 비밀을 파라오에게, 그 당시의 인간들에게
나타내셨다. 엄연한 기회이자 도전인 것이다. 탐욕이라는 인간 죄성에 대
한 테스트이기도 하리라.

7년이라는 시간은 긴 시간이다. 7년간의 연속된 풍년은 사람들을 한껏
탐욕스럽게 만들 수 있었을 것이다. 7년 전의 예언 따위는 잊고 지금의 풍

요를 누리기에 바빠서, 다가올 미래를 대비해야 한다는 목소리에 코웃음 칠 정치세력들도 등장했을 것 같다. 풍요한 군량미로 지금 당장 이웃나라를 쳐야한다는 목소리도 있지 않았을까?

만약 다가올 7년의 흉년을 염두에 두지 않는다면 풍년의 수확은 참으로 엉뚱하게 쓰일 수 있다는 것을 역사에서는 얼마든지 찾아볼 수 있다. 지금의 풍요로 미래를 대비해야 한다는 평범한 교훈을 실제로 실천하는 것이 얼마나 지난한 일인가.

바로의 꿈에 대한 요셉의 반응은 실로 놀랍다. 풍년에 저장하여 흉년을 대비하는 것은 어쩌면 누구나 생각할 수 있을지 모른다. 그렇지만, 한 나라의, 특히 그 당시의 강대국이었던 이집트의 국고를 채울 거대한 규모의 곡식을 어떻게 거두고, 관리할 것인가? 요셉은 거침이 없었다. 감독관을 세우고, 5분의 1에 해당하는 식량을 정부의 권한으로 비축하라는 것이다. 관리경제의 시초가 될 만한 이러한 거국적 대비책이 도대체 요셉에게서 어떻게 나올 수 있단 말인가. 이러한 것을 늘 예상하던 사람처럼 일사천리로 구상해내는 요셉의 행정능력은 파라오의 마음을 완전히 사로잡았다. 그러나, 창세기 41장의 이집트 파라오의 고백에서 요셉의 행정능력도 높이 샀지만, 근본적으로 요셉의 뒤에 계신 하나님을 인정하였던 것을 알 수 있다. 요셉을 통해 영광을 받으시는 하나님. 이방소년 요셉을 총리의 자리에 앉힌 파라오나, 그의 지도를 일사불란하게 따랐던 이집트 백성들이 인상 깊다.

14년에 걸친 풍요와 빈곤의 사이클에서 놀라운 것은 이집트로 몰리는 권력의 향배이다. 7년의 풍요 속에서 마치 전쟁을 준비하듯 잉여식량을 비축해놓은 이집트와 그렇지 않은 여타국 간의 자원의 흐름은 일방적이다. 7년의 풍년이 끝나고 지옥같은 흉년이 닥치자 생존을 위해 식량을 구할 수밖에 없어진 여타국은 자신들의 재물을 가져와 이집트의 식량을 구해간다. 이 과정에서 이집트는 더욱 막강한 부를 차지하게 된다. 똑같은 7년의 기회. 어쩌면 요셉의 꿈 해몽 소문은 인근국에도 퍼지지 않았겠는가? 우리는 재난 따위는 오지 않을 것처럼 하루를 살지 않는가? 그러나 풍요할 때 비축하지 않으면 재난의 때를 넘길 수 없다.

성경에서 영적인 교훈 이외에도 역사적인 교훈도 얻을 수 있을 것인데 이러한 居安思危(평안함에 거해 위태로움을 생각한다)의 지혜는 정말이지 개인의 인생에서도, 사회적으로도 필요하다. 오늘날 우리 사회, 민족에 이러한 비전과 지혜가 있기를 간절히 기도하게 된다.

| 다른 불 |

　모세가 아론에게 이르되 이는 여호와의 말씀이라 이르시기를 나는 나를 가
까이 하는 자 중에서 내 거룩함을 나타내겠고 온 백성 앞에서 내 영광을 나타
내리라 하셨느니라 아론이 잠잠하니 (레위기 10장 3절)

　레위기 10장에서 나답과 아비후는 다른 불로 제사를 지내다가 죽임을
당하게 된다. 나답과 아비후가 어떠한 의도에서 하나님의 지시와 다른 불
로 제사를 지냈는지, 하나님은 몸을 좀 아프게 해서 경고하시는 정도로
하지 않고 왜 그들을 죽이셔야 했는지. 그들의 아버지인 아론은 어떻게
그 처절한 고통을 감내해냈는지.

　아론이 이 사건에 직면했을 때 하나님께서는 "나는 나를 가까이하는 자
중에 내가 거룩하다 함을 얻겠고, 온 백성 앞에 내가 영광을 얻으리라"라
는 말씀을 하셨다고 성경은 기록한다. 어쩌면 이는 이렇게 이해할 수도 있
지 않을까. "나는 온 백성 앞에서 나의 영광을 얻기를 원한다. 그러기 위
해서는 나를 가까이하는 이들이 나의 거룩함을 지켜주어야 한다."

　자신의 두 아들을 불로 삼킨 하나님. 이제 아론은 선택의 갈림길에 서
있다고도 볼 수 있지 않겠는가. 섬길 것인가, 버릴 것인가. 아론은 하나님
의 영광을 택한다. 물론 뒤에 자신도 실수하지만, 하나님께서는 그를 버
리지 않는다. 민수기는 아론의 남은 두 아들이 레위 지파의 책임을 묵묵
히 수행해나감을 시사한다.

　주님, 무엇이 하나님의 영광을 위한 삶일까를 알게 하소서.

| New Mission |

> 내 종 모세가 죽었으니 이제 너는 이 모든 백성과 더불어 일어나 이 요단을 건너 내가 그들 곧 이스라엘 자손에게 주는 그 땅으로 가라 (여호수아 1:2)

새로운 소명을 받은 이스라엘과 그 지도자인 여호수아.

출애굽과 가나안 정착은 요구하는 지도력의 성격이 다를 것이다. 출애굽이 인내하며 약속의 땅으로 가는 과정이었다면, 가나안 정착은 약속을 이루기 위해 부단히 믿음으로 전진해가야 하는 과정이다. 보이지 않는 약속을 향해 묵묵히 나아가기도 어렵거니와, 이제 바로 앞에 보이는 눈앞의 적을 쓰러뜨려야 하는 과제도 참으로 어려운 것이다. 이러한 전환기를 맞아 새 과제에 새로운 지도력이 이스라엘에 등장한 것이다.

모세가 출애굽의 과정에서 끝없이 방황하는 이스라엘을 감싸 안고 가야 하는 인내의 지도력이었다면, 이제 여호수아는 훨씬 젊고 패기 있게 이스라엘을 이끌어야 하는 용기와 담력의 지도력이어야 할 것이다.

새 술을 새 부대에 담아야 하듯이, 하나님께서는 모세의 소명을 약속의 땅인 가나안 입성 바로 직전까지로 한정하셨다. 모세는 그토록 건너고 싶은 땅을 건너지 못하고 요단강 저편에서 바라본 채 하나님께로 갔다. 하나님께서는 모세가 이전에 지은 죄로 인해 요단을 건너지 못하게 했다고 하셨지만, 한편으로는 이제 쉴 틈 없는 전쟁으로 점철될 이 정복의 과정을 노쇠한 모세에게 맡기기에 모세를 긍휼히 보셨던 것은 아닐지.

이제 새로운 지도자가 된 여호수아에게 하나님께서 명하시는 것은 두

가지다. 강하고 담대하여지라는 것이다. 하나님께서 함께하시기 때문이라고 하신다. 적은 크고, 두렵다. 그렇지만, 우리의 하나님은 더 크고 위대하시다. 전쟁에 능하신 분이시다. 강하고 담대함의 원천은 하나님을 묵상하는 데서 오는 것이다. 이것이 승리의 비결이다.

둘째는 하나님께서 하신 말씀에서 좌로나 우로나 치우치지 말라는 것이다. 그분의 말씀을 주야로 묵상하라는 것이다.

말씀이라고 하면 어쩐지 대화가 떠오른다. 그런데, 만약 여호수아가 하나님과 지속적인 대화를 한다고 상상해본다면, 필요하면 직접 대화를 통해 말씀하시면 되지 왜 묵상하고 마음에 새기라고 하신 것일까.

나는 그것이 하나님께서 모세에게 명한 율법의 정신, 하나님의 공의로우심을 마음에 깊이 새기라는 의미인 것 같다. 다시 말한다면, 하나님과 우리와의 관계는 일상적인 대화라는 측면, 달리 말하면 기도하고, 응답받는 신앙생활이라는 측면에서도 이해할 수 있지만, 우리가 천국의 법을 마음에 새기고 체화해가는 과정이라고 생각할 수 있지 않을까.

| 홍해와 요단 |

여호와의 언약궤를 맨 제사장들은 요단 가운데 마른 땅에 굳게 섰고 온 이
스라엘 백성은 마른 땅으로 행하여 요단을 건너니라 (여호수아 3:17)

여호수아가 드디어 요단에 도착했다. 적에게 쫓기는 절박한 상황과 이
제는 망하게 되었다며 백성들이 원망하는 출애굽 당시의 모습이 매우 극
적으로 그려지고 있다. 백성들의 원망과 아우성이 가득하다! 애굽의 병사
들이 먼지를 휘날리며 그들을 쫓고 있다. 본문을 보면 더욱 가관이다.

바로가 가까이 올 때에 이스라엘 자손이 눈을 들어 본즉 애굽 사람들이 자
기들 뒤에 이른지라 이스라엘 자손이 심히 두려워하여 여호와께 부르짖고
그들이 또 모세에게 이르되 애굽에 매장지가 없어서 당신이 우리를 이끌어
내어 이 광야에서 죽게 하느냐 어찌하여 당신이 우리를 애굽에서 이끌어 내
어 우리에게 이같이 하느냐 (출애굽기 14:10~11)

이스라엘 백성들은 급하다 보니 하나님께 부르짖으면서도 모세를 원망
하며 이제 죽게 되었다고 아우성이다. 어쩌면 이것이 나의 모습일지도 모
른다는 생각에 피식 웃음이 나온다. 죽게 되었다는 원망으로 하나님께 부
르짖는 모습. 믿음은 어디에 있는 건지.
아수라장 같은 절망 가운데 하나님의 구원도 극적으로 임한다. 부르짖
는 모세를 하나님께서는 오히려 꾸중하신다. 그런데 그 꾸중의 내용이 실

로 놀랍기 그지없다!

여호와께서 모세에게 이르시되 너는 어찌하여 내게 부르짖느냐 이스라엘 자손에게 명령하여 앞으로 나아가게 하고 지팡이를 들고 손을 바다 위로 내밀어 그것이 갈라지게 하라 이스라엘 자손이 바다 가운데서 마른 땅으로 행하리라 (출애굽기 14: 15~16)

하나님도 급하셨던 걸까. 모세야, 내가 지팡이 줬잖아! 빨리 홍해 가르고 건너라고! 이런 뉘앙스 아닌가. 모세 입장에서 지팡이로 바다를 내리치면 바다가 갈라질 거라고 상상이나 할 수 있었겠는가. 그런데도 하나님은 오히려 모세가 빨리 바다를 갈라지게 안 하고 오히려 하나님께 부르짖는다고 꾸중하신다. 미리 각본을 다 얘기해 주신 것도 아니고. 하나님과 인간의 생각은 이렇듯 다르다.

홍해는 이렇게 갈라졌다. 백성들의 원망, 애굽 병사의 매우 급한 움직임, 모세의 부르짖음, 그리고 하나님의 비상 개입!

반면에 요단은 상황이 다르다. 요단을 건너는 이스라엘 백성의 분위기는 잘 정돈되어 있다.

정탐 직후 여호수아는 새벽을 이용해서 이스라엘 백성을 요단으로 이동시켰다. 그 이후 3일을 다시 기다린다. 이제 이 강을 건너면 언제 끝날지 모를 전쟁의 시작이다. 여호수아는 다시 하나님을 만나야 했을 것이다.

여호와께서 여호수아에게 이르시되 내가 오늘부터 시작하여 너를 온 이스라엘의 목전에서 크게 하여 내가 모세와 함께 있었던 것 같이 너와 함께 있는 이제 이스라엘은 홍해 앞의 오합지졸이 아니라 진정한 하나님의 군대로 거듭났다. 여호수아는 이 전쟁의 승패는 군대의 강함에 있는 것이 아니라 하나님의 약속에 있음을 분명히 알고 있었다. 그렇기에 그는 백성들에 앞서 하나님의 언약궤가 요단을 건너도록 하고 있다.

요단은 홍해처럼 극적이지 않다. 마치 특공대가 아무도 모르게 서서히 적진을 향해 가는 듯한 인상을 준다.

내게는 홍해와 같은 엑소더스가 연수생활이었던 것 같다. 정말 도피하다시피 한국의 모든 것을 뒤로 한 채로 탈출했던 것 같다. 그렇다면, 파리로 온 것은 요단을 건넌 것일까 아니면 여전히 홍해를 건넌 것일까.

여호수아는 이 전쟁이 하나님께 속한 전쟁임을 이스라엘 백성에게 각인시키기 위해서 세심한 배려를 했다. 영적 분별력이 필요하다. 그리고, 그분의 약속과 비전을 다시 한번 새롭게 하고 싶다.

주님, 여호수아를 읽으며 그의 흔적을 따라 저도 그 약속의 성취에 동참코자 합니다. 소성케 하시고, 소명을 회복케 하소서.

| 하나님의 전쟁 준비 |

그 때에 여호와께서 여호수아에게 이르시되 너는 부싯돌로 칼을 만들어 이스라엘 자손들에게 다시 할례를 행하라 하시매 (여호수아 5:2)

이스라엘 백성이 요단을 건넜다. 그 소식이 전해지자 인근 왕과 백성들이 요동했다.

이제 전쟁이 시작될 것이다. 결전을 앞두고, 하나님께서 이스라엘 백성에게 요구하셨던 것은 무엇이었을까. 하나님은 이 백성들에게 할례를 명하고 있다!

왜 하나님께서는 안전하게 요단강을 건너기 전에 할례를 행하라고 하시지 않았을까? 요단을 건넌 이스라엘은 그야말로 적군에게 완전히 노출된 상황이었다. 할례를 한다면 회복하는 데에 적어도 3~4일, 혹은 일주일은 걸린다. 그동안 이스라엘은 적 앞에서 완전 무방비 상태가 되는 것이다. 전쟁 한번 해보지 않고 몰살당할 수 있을 위험천만한 행동이다. 창세기에는 적에게 할례 작전을 시행해 궤멸시켰던 역사도 있는데 말이다.

그 때에 여호와께서 여호수아에게 이르시되 너는 부싯돌로 칼을 만들어 할례산에서 이스라엘 자손들에게 다시 할례를 행하라(수 5:2)

하나님은 여호수아에게 직접 명령하신다. 그 때에라는 말은 이스라엘 백성이 요단을 건넜다는 소식이 인근 국가에 전해져 그들이 두려워했던 바로 그때이다. 즉, 적은 우리의 존재를 알고 있고 경계하고 있었다는 것이다.

할례를 행한다는 것은 새로운 출발이라는 의미가 있을 것 같다. 할례는 하나님의 백성이라는 것을 몸에 징표로 새기는 것을 의미하지 않는가. 광야 생활 동안 할례를 받지 못했던 젊은 세대는 이제 거룩한 전쟁 직전에 그들이 하나님의 백성임을 자신의 몸에 새김으로서 자신의 정체성과 이 전쟁의 목적을 다시 한번 깨달아야 했으리라.

요단을 건너 가나안 땅에 입성하여 적에게 노출된 이스라엘 백성에게 하나님께서 요구하신 첫 명령이 그들이 하나님의 백성임을 확인하는 것이었다.

아버지께서는 내가 전쟁에 뛰어들기 전에 가장 근본적인 나의 정체성을 확인하시기를 원하시는 것일까. 주객이 전도되지 않도록, 전쟁의 승리 그 자체가 목적이 아니라, 하나님의 백성이 하나님의 뜻을 이루는 것이 목적임을 혼돈하지 않도록 말이다.

주님. 이 전쟁이 하나님께 속해 있듯이,

제 삶도 하나님께 속해 있음을 전심으로 믿게 하소서.

그리하여야 날마다 저의 정체성과 소명을 확인하며 전쟁에 임할 수 있을 것입니다.

인도하소서.

| 갈렙 |

오늘 내가 팔십오 세로되 모세가 나를 보내던 날과 같이 오늘도 내가 여전히 강건하니 내 힘이 그 때나 지금이나 같아서 싸움에나 출입에 감당할 수 있으니 그날에 여호와께서 말씀하신 이 산지를 내게 주소서 (여호수아 14:10~12)

위의 구절은 85세 노인이 된 갈렙의 출사표이다.

전쟁으로 점철되었던 여호수아의 일생도 이제 황혼기로 접어들었다. 하나님께서는 여호수아에게 마지막 과업으로 그간 정복한 땅을 나누어주라고 명하신다. 땅을 배분하는 작업은 쉬운 일일까. 하나님의 명령과 여호수아의 카리스마가 어우러져서 이스라엘 백성들이 불만을 크게 노출하지는 않은 것 같다.

14장으로 들어서면 여호수아의 황혼과 대비되는 한 장면이 나오는데, 그것이 바로 갈렙의 헤브론 정복이다.

갈렙은 진정한 겸손과 용기를 보여준 사람이다. 여호수아와 갈렙. 그들은 가나안 정탐에서 믿음으로 하나님께 인정받은 유일한 2명이다. 이후 여호수아는 백성들에게 지도자로 인정받고 정복전쟁에서 찬란한 조명을 받으며, 이스라엘의 존경받는 지도자가 된다. 그러나, 늘 붙어 다니는 이름이지만, 여호수아의 정복전쟁에서 갈렙의 역할이 미미해 보인다.

만약 갈렙이 이후의 역사에 등장하지 않았다면, 그저 한 때 믿음이 좋았으나, 이내 비전도, 열정도 없이 평범한 인물로 살았겠다고 잊을 수 있었을 것이다. 그러나, 그의 이름이 여호수아가 황혼을 지나는 즈음에 다시 등장한다.

여호수아 14장을 유심히 보면, 길갈에 있는 여호수아에게 유다 사람들이 나오고, 그중에 갈렙이 여호수아에게 말을 하는 것으로 되어있다. 갈렙은 유다 지파의 유력한 지도자였을 것으로 추측된다. 즉, 갈렙은 나름의 정치세력도 가지고 있었고, 실제로 많은 영향력을 행사하고 있는 지도자였음에도, 여호수아에게 말 없는 조력자의 임무를 수행한 것이다.

그리고 이제 인생의 남은 과업, 하나님과의 약속을 이루기 위해 그는 황혼기에 온 힘을 다해서 마지막 전쟁을 하기 위해 출사표를 던진다.

비전과 세력을 가지고 있으면서, 그리고 여호수아와 같은 출발점을 가지고 있으면서 지난한 정복 전쟁의 과정에서 말없이 함께하고, 힘을 실어주고, 여호수아의 기력이 쇠하자 자신이 몸소 유다 지파를 끌고 와서 하나님과의 약속을 이루기 위해 험난한 헤브론 산지의 정복에서 선봉에 서는 것이 갈렙이다.

자신이 주인공이지 않으면 안되는 이 자기중심적 시대에 갈렙이 주는 울림은 크다. 조연이었으며, 이미 노인이 된 몸으로 오직 하나님이 주신 약속의 땅만을 바라보는 그의 모습은 신앙의 진정성이 무엇인가를 생각하게 한다.

| With me, my master? |

기드온이 그에게 대답하되 오 나의 주여 여호와께서 우리와 함께 계시면 어찌하여 이 모든 일이 우리에게 일어났나이까 또 우리 조상들이 일찍이 우리에게 이르기를 여호와께서 우리를 애굽에서 올라오게 하신 것이 아니냐 한 그 모든 이적이 어디 있나이까 이제 여호와께서 우리를 버리사 미디안의 손에 우리를 넘겨 주셨나이다 하니(사사기 6:13)

기드온이 천사를 만났다.

천사는 말했다. 능력의 용사여! 하나님이 너와 함께 하신다!

그랬더니, 기드온이 대답하였다.

"하나님이 나와 함께라구요? 그렇다면 왜 우리 민족이 이러한 일을 당해야 하지요? 이집트에서 우리를 구원하셨다던 그 기적을 일으키시는 하나님은 도대체 지금 무엇을 하고 계시는 것이지요? 하나님은 우리와 아무런 관계가 없어요! 우리는 미디안에게 팔려 넘겨졌다구요!"

기드온의 이 질문은 통렬하고, 심각하다. 우리의 삶과 너무나도 비슷하다. 하나님께서 나와 함께 계시는데, 왜 나는 이리도 못나고, 상처받고, 참고 살아야 하고, 아무도 알아주지 않고, 우리 가족은 늘 가난했는지. 왜 하나님이 이 세상에 존재하시는데, 세상에는 전쟁이 그치지 않고, 기근이 끊이질 않으며, 피비린내 나는 내전에 생명이 죽어가는 건지.

진지한 그리스도인이라면 누구나 한 번쯤 이러한 질문을 던져보았을 것이다. 우리의 눈에 비추어지는 현실은 하나님을 찾아보기 어려운 것이 사실이 아닌가!

기드온은 자기의 민족이 미디안에게 핍박을 당하던 그때 하나님을 만났다. 그는 천사의 말에 동의할 수 없었다. 적어도 내가 기드온의 자리에 있었다면, 나도 그런 반응을 보였을 것이다.

그런데 하나님의 반응이 너무나도 놀랍다.

네가 가서 이스라엘을 구하라. 내가 너를 보내지 않았느냐.

우리는 온통 세상의 불만을 하나님께 쏟아붓고 있는데, 하나님은 우리를 세상에 보내셨다는 것이다. 민족의 처지, 국가의 처지 등 공동체의 운명을 하나님 탓으로 돌리려는 찰나, 하나님은 나에게 그 책임을 묻고 계신다. 그런데, 그것은 단순한 힐책이 아니라, 정말 나를 사용하고 싶으신 것이다.

기드온의 대답은 또 하나의 정답이다. 제가 어찌…. 라는 말이다.
가장 미약하고, 힘도 없다는 것이다.
거기에 대해서 하나님은 또 다른 정답을 가지고 계신다.
"I will be with you!"

인간은 자신이 속한 공동체의 참담한 처지를 하릴없이 가슴을 찢으며, 이러한 처지를 어쩔 수 없는 운명으로 생각하며, 하나님을 원망한다. 주여. 당신이 계신다면 어찌 이런 일이 있나이까.

하나님은, 인간의 그러한 속박에서 자유를 주시고자 하나님과 함께 일할 사람을 찾고 계시다.

인간의 눈에서 흘리는 그 굵은 눈물을 땅에 뿌리지 말고, 한껏 고개를 들어 하늘에 울부짖을 때, 하나님께서는 그 중심을 보시리라. 그분이 하나님이시기 때문이다.

주님.
깨끗한 그릇으로 준비되게 하소서.
너무나도 부족하지만.
함께하신다는 당신의 약속을 믿게 하소서.

| 인간의 끝, 하나님의 시작 |

여호와께서 기드온에게 이르시되 내가 이 물을 핥아 먹은 삼백 명으로 너희를 구원하며 미디안을 네 손에 넘겨 주리니 남은 백성은 각각 자기의 처소로 돌아갈 것이니라 하시니 (사사기 7:7)

기드온은 전쟁에 임하기 전에 하나님께 2가지의 표적을 구한다. 양털 한 뭉치를 밤새도록 바깥에 두는데, 양털에는 물기가 촉촉이 젖되, 그 주변은 젖지 않도록 하는 것이 첫 번째였다. 두번째는 반대의 표적을 구한다. 즉, 양털은 뽀송뽀송하게 말라 있되, 그 주변이 물기로 젖어 있는 것이다.

그렇게 가까스로 마음을 추스르고, 전쟁에 참여한 기드온에게 이번에는 하나님께서 요구하신다.

전쟁에 참여한 인원이 너무 많다는 것이다!

그래서 기드온은 3만 2천이 모인 중에 2만 2천을 돌려보내고 1만 명을 남겼다. 전력의 2/3를 보낸 것이다. 기드온으로서는 뼈를 깎는 선택이었을 것이다. 그런데, 점입가경이라고. 하나님은 그것도 많다고 하신다. 그래서 결국 남은 병력이 300명이다. 전설이 시작되는 것이다.

인간의 요구와 하나님의 요구가 너무나도 선명하게 대비되고 있다.

인간은 하나님께 표적을 요구한다. 하나님은 인간에게 네 자신을 내려 놓고, 오직 주만 보라고 하신다.

어쩌면 기드온의 태도는 표적을 보고도 못 믿겠다는 예수 당시의 이스라엘 백성들보다 훨씬 진지하고, 정직한 태도였으리라. 난 하나님께서 표적을 구하는 기드온의 마음을, 믿음은 연약하지만, 하나님께 순종하고 싶은 그 중심을 보셨다고 믿는다.

300명의 용사. 늘 하나님을 생각하고, 만날수록 놀랍기 그지없다. 내가 절대로 할 수 없는, 인간의 끝이 하나님의 시작임을 이토록 극명하게 보여주시는 그분이 내 가슴을 뛰게 한다.

인간의 끝이 하나님의 시작이라는 것. 나의 한계가 그분의 시작이라는 것. 이번 전쟁은 이기고, 지는 것의 문제가 아니라, 이스라엘 백성이 하나님을 목도하느냐, 아니냐에 있다는 것.

주여.

당신을 체험하고 싶습니다.

당신의 구원을 다시 한번 체험하고 싶습니다.

하나님의 살아계심으로 온 마음이 충만해짐을 경험케 하소서.

| 물맷돌 |

다윗이 블레셋 사람에게 이르되 너는 칼과 창과 단창으로 내게 나아 오거니와 나는 만군의 여호와의 이름 곧 네가 모욕하는 이스라엘 군대의 하나님의 이름으로 네게 나아가노라

손을 주머니에 넣어 돌을 가지고 물매로 던져 블레셋 사람의 이마를 치매 돌이 그의 이마에 박히니 땅에 엎드러지니라 (사무엘상 17:45, 49)

성경에서 가장 통쾌한 장면 중 하나인 다윗과 골리앗의 전투 장면이다. 여기서 다윗이 물맷돌만 들고 골리앗에게 맞서는 이 믿음은 갑자기 생겨난 것이 아니라는 생각이 든다.

이하는 모두 상상이다.

아마 어린 다윗은 때로는 사자와 곰에게 양을 빼앗기기도 하고, 겁에 질려 바위에 몸을 숨기며 곰이 지나가길 기다리기도 했을 것이다. 그러다가 어느 순간 양에 대한 책임감으로 뭔가를 해야겠다는 생각이 들지 않았을까. 자신의 체구에 커다란 맹수를 대적할 수 있을 것이 무엇인가 고민하지 않았을까. 그러다가 물맷돌이 떠오르고, 시간이 날 때마다 연습하지 않았을까. 그리고, 어느 정도 자신감이 차올랐을 때 작은 곰 한 마리가 등장하고, 다윗은 그 곰을 물맷돌로 때려잡는 데 성공하지 않았을까. 그러한 자신감으로 점점 큰 맹수에게도 겁을 내지 않게 되지 않았을까.

나는 이러한 상상이 여호와께서 사자의 발톱과 곰의 발톱에서 건져내셨으므로 블레셋 사람의 손에서도 건져내리라는 다윗의 고백과도 맥락을 같이 한다고 본다. 이러한 물맷돌을 익히는 과정에서 그는 하나님을 의지했을 것이다. 때로는 지금까지 만나본 곰보다 훨씬 더 큰 곰을 만나면서 그는 하나님께 부르짖기도 했을 것이다.

믿음은 우리가 의로운 분노를 내며 나아간다고 저절로 생기는 것이 아니다. 그리고, 우리가 믿음으로 나아간다고 두려운 상대가 저절로 없어지는 것도 아니다. 믿음과 경험은 화학작용을 일으킨다. 믿음으로 싸워본 전투의 경험이 있어야 전쟁에서도 믿음으로 승리할 수 있다.

믿음을 강조하는 글을 읽다 보면 믿음이 선택의 기로에서 하나님의 전능하심을 의지하며 결단하는 순간적인 것이라는 느낌을 받지만, 믿음은 훈련의 과정이 없이 생기지는 않을 것이다.

주여, 우리의 삶 가운데 훈련이 이루어지게 하소서. 그래서, 결정적인 순간에 믿음이 빛을 발하게 하소서.

| 두 왕국 |

사울이 일어나 십 광야에서 다윗을 찾으려고 이스라엘에서 택한 사람 삼천 명과 함께 십 광야로 내려가서(사무엘상 26:2)

다윗은 다시 위기에 처한다. 도피 생활을 얼마나 했는지는 모르겠다. 다윗이 하길라 산에 숨어있다는 정보를 입수한 사울은 이스라엘에서 택한 자 삼천 명과 함께 다윗을 잡으러 갔다고 성경은 기록한다.

삼천 명. 적지 않은 수가 움직인 것이다. 왜 사울은 예전에 다윗이 자기의 생명을 살려주었음에도 다시 그를 죽이려 하는가. 그것이 하나님의 섭리를 대적하는 것임을 몰랐을까.

힘을 가진 이가 힘을 가지지 않은 자를 착취하고 살인하는 것은 어려운 일이 아니다. 그러나, 힘이 없는 자가 어렵게 이를 전복시킬 기회를 가졌을 때, 이를 거부하기는 쉽지 않다. 그것도 두 번씩이나. 두 번째로 사울을 죽일 기회를 얻게 된 다윗에게 이것은 하나님께서 주신 기회가 아니겠냐는 유혹이 없을 리 없지 않은가.

다윗의 오른팔과 같은 아비새가 다윗에게 말한다.

명령만 하십시오. 내가 그를 두 번 찌를 일이 없을 것이외다. 한번 만에 그냥….

그러나, 다윗은 그를 또다시 만류한다. 다윗에게 내재한 하나님의 법을 보게 된다. 그는 사울을 두 번 살려주었다. 그는 어려운 이들을 도와 그일라 사람들을 도와주었다. 그는 자신을 모욕한 나발의 가정을 아비가일의

90

간청에 용서하였다. 하나님께서 그녀를 보내셨음을 인정했기에, 사사로운 자존심은 일단 접어둔 것이다. 나발이 직접 그를 찾아와 사과하기 전에는 용서할 수 없다고도 할 수 있지 않았을까.

그의 행동의 기준이 무엇인가. 거듭 생각하게 하는 대목이다. 다윗이 주야로 여호와의 율법을 묵상하였기에 가능하다 할 수밖에 없지 않을까.

다윗의 직언이 다소 놀랍다. "왕이시여, 만약에 나를 죽이려 하는 이가 여호와시라면, 여호와께서 제물을 받으실 것입니다. 그러나, 만약 그것이 사람들이라면 그들은 여호와 앞에서 저주를 받을 것입니다!"

분명 사울 혼자서 다윗을 죽이기 위해 혈안이 되어있던 것은 아닐 것이다. 사울이 왕에서 물러나면 영향을 받게 되는 많은 사람이 불안의 씨앗인 다윗을 제거하기 위해 안달이었을 것이다. 그러나, 성경은 그들의 이름을 말하지 않는다. 그 궁극적 책임은 사울에게 있는 것이다.

대비되는 왕국이다. 하나의 왕국은 예루살렘에 있고, 거기에는 막강한 권력과 군대를 소유한 왕이 있으나, 기실 그 왕을 움직이는 것은 세상에서 작동하는 권모술수와 질투였다. 미혹의 영에 장악된 왕국.

또 하나의 왕국은 도망자 다윗의 왕국이다. 사회적으로 천대받는 이들로 이루어진 가난하고, 보잘것없는 왕국이지만, 그들의 왕은 하나님의 원칙에 따라서 다스리는 왕이다. 그는 세상이 말하는 복수나 이기심에 입각하지 않은, 긍휼과 용서에 기반한 공동체를 꾸려갔다.

사울은 또다시 자신의 잘못을 뉘우치며, 다윗에게 돌아오라고 말한다. 그러나 마지막 장면에서 다윗은 자기의 길로 가고, 사울은 자기의 곳으로 돌아간다. 다윗은 아직도 가야 할 길이 있는 것이다. 그리고, 그는 사울과 같은 방향으로 갈 수 없음을 알고 있다. 세상의 원리가 지배하는 왕국에서 그가 있을 자리는 없는 것이다. 하나님의 나라와 어둠의 나라의 대비를 보여주는 것 같다.

지금은 보잘것없고, 미약하게만 보이는 그분의 나라. 초라해 보였던 다윗만큼이나, 예수께서도 그렇게 보이셨으리라. 그분의 제자들은 다윗의 심복들보다 오히려 더 형편없이 보였을지도 모른다.

다윗이 사울을 따라갈 수 없었듯, 예수께서도 십자가를 거부할 수 없었다. 타협은 애당초 불가능했다. 다윗이 사울을 죽이지 않았듯, 예수께서도 로마를 폭력으로 장악하지 않으셨다. 명령만 하면 하늘의 천군 천사를 보내실 수 있었음에도, 그 잔을 마시는 것을 놓고 땀이 피가 되도록 기도하셨음에도, 결국 그분은 하나님의 뜻에 순종하는 것을 택하셨다.

주님.

다윗의 중심에 있는 하나님을 향한 사모함을 배우게 하소서. 하나님의 말씀이 내 안에 있지 아니하면, 늘 흔들릴 수밖에 없음을 고백합니다. 인도하소서. 하나님의 마음에 합한 마음을 가지게 하소서.

| 복을 주시는 하나님 |

네 수한이 차서 네 조상들과 함께 누울 때에 내가 네 몸에서 날 네 씨를 네 뒤에 세워 그의 나라를 견고하게 하리라(사무엘하 7:12)

모든 환난은 지나갔다. 다윗은 이제 도피 생활도 마쳤고, 성궤가 다윗성에 도착함으로써 험난했던 왕으로의 여정도 마무리 지었다. 성경은 이를 이렇게 표현하고 있다.

"여호와께서 주위의 모든 원수를 무찌르사 왕으로 궁에 평안히 살게 하신 때에" (사무엘하 7:1)

이 구절은 삶의 평안함이 누구에게서 오는지를 보여준다. 우리는 평안하면 하나님을 쉽게 잊는다고 말한다. 그래서 차라리 사서 고난을 겪더라도 하나님을 잊지 말게 해달라고 기도하기도 한다. 그만큼 우리 안에 있는 죄성은 심각하다. 잠언 기자도 그래서 자신을 부하게도 가난하게도 말게 해달라고 하지 않는가. 부해서 하나님을 잊을까, 가난해서 하나님께 죄를 지을까 말이다.

그런데, 다윗은 그가 평안해졌을 때 놀라운 생각을 하게 된다. 하나님을 엄청나게 감동하게 해 흥분을 주체치 못하게 하는 말이다.

바로 다음의 성경 구절이다.

"왕이 선지자 나단에게 이르되 볼지어다 나는 백향목궁에 살거늘 하나님의 궤는 휘장 가운데에 있도다" (사무엘하 7:2)

하나님이 거하시는 처소를 걱정하는 말이다. 어쩌면 말도 안 되는 것 같다. 천지를 지으시고, 운행하시는 하나님. 그분은 장소라는 곳에 국한되는 분이 아니지 않은가. 우리는 우리의 부모님이 나이가 들어감에 따라 기력이 쇠해지는 것을 염려하곤 한다. 그러나, 하나님께서 기력이 쇠해지신다거나, 외로워하실 것을 염려하지는 않지 않느냐 말이다!

그런데, 다윗은 하나님의 거처를 염려하고 있다. 성궤로 상징되는 하나님의 임재가 휘장에 거한다는 것이 그의 마음에 걸리는 것이다. 자신은 화려한 궁에 사는데, 그의 하나님은 초라한 휘장에 거한다는 것이 마음을 아프게 하는 것이다. 하나님께서 이러한 다윗의 마음에 어떻게 반응하실 것 같은가.

네 주제 파악이나 해라. 감히 인간 주제에 받을 복이나 빌 것이지 나를 염려해? 아니면, 그래, 드디어 네가 철이 들었구나. 오냐, 이제 나를 위해 그럴싸한 성전 한번 지어보라 하실 것인가? 아니면, 네가 나를 크게 오해하였도다. 나는 이 모든 만물을 다스리는 여호와라, 장소에 구애되지 아니하며, 인간이 지은 곳에 의지하지도 않는단다. 너는 오직 그의 나라와 그의 의를 구하라. 괜히 쓸데없는 데 힘쓰지 말라고 하실까.

하나님의 말씀은 다음과 같다. 다윗아 네가 나를 위해 집을 지으려 하느냐. 내가 애굽에서 너희를 인도하여 낼 때부터 언제 내가 너희더러 집을 지어달라 했느냐. 나는 그런 적이 없다. 그러나, 네 마음이 그토록 갸륵하니, 이제 내가 네게 복을 주겠다. 라는 것이 하나님의 반응이시다.

그 복의 내용을 읽으면서 난 하나님께서 이렇게 기뻐하시는 것을 성경에서 좀처럼 찾아보기 어렵다는 것을 느끼게 된다.

1. 너를 이스라엘의 주권자로 삼을 것이다.
2. 네가 가는 모든 곳에서 내가 너와 함께 있을 것이다.
3. 네게 한 곳을 주어 그곳에 정착하게 하겠다.
4. 네 땅에 평안(평화)이 있을 것이다.
5. 네가 죽을 때에 네 씨가 나라를 견고히 할 것이다.
6. 네 씨가 여호와의 성전을 건축할 것이다. 그리고 나는 그의 왕위를 견고히 할 것이다.
7. 나는 그에게 아버지가 되고, 그는 나의 아들이 될 것이다.
8. 그가 죄를 범하면 인생 막대기로 치되 사울처럼 은혜를 아주 완벽히 거두어가지는 않겠다.
9. 네 집이 내 앞에서 영원하고, 네 왕위도 영원하리라.

하나님의 흥분이 느껴지는가. 다윗의 저 마음에 하나님께서 얼마나 감격하고 계시는지. 지금껏 누구도 하나님을 위해 기도하고, 하나님의 처소를 염려한 인간은 없었다. 하나님께서는 오히려 다윗에게 내가 네 집을 지어주겠다고 말씀하고 계시다. 이것이 복이다.

이 장면을 읽으면서 다윗의 저 마음이 내 안에 있는지를 살펴본다. 아버지를 사랑하고, 아버지의 일을 생각하는 마음이 내게 있는지. 하나님을 기억하고, 삶 속에서 그분을 생각하며 살아가고 있는지. 그분의 처소에, 그분의 비지니스에 관심이 있는지. 그분의 나라에 관심이 있는지!

복을 받기 위한 억지스러운 마음이 아니다. 헌신이 먼저이고 축복은 나중이다. 다윗은 결코 축복을 받기 위해 성전을 건축하려 한 것이 아니다.

더욱이, 축복은 이미 우리에게 충만히 임했다. 그리스도라는 놀라운 은혜의 통로를 통해 오늘날 우리의 삶에 쏟아져 넘치고 있다. 하나님을 아버지라 부를 수 있는 은혜. 죄인인데도 그 보좌 앞으로 나갈 수 있는 은혜. 우리의 처소를 예비하겠다 하신 예수의 은혜.

다윗의 저 마음은 성전을 건축해서 본인의 업적을 쌓고 과시하려는 마음이 아니다. 우리 안에는 하나님의 영광과 우리의 영광을 교묘히 섞는 경향이 있지 않은가. 만약 다윗의 마음이 그러했다면, 마음의 중심을 아시는 하나님께서 저렇게 반응하시지 않았을 것 같다.

다윗의 마음 중심에 있었던 저 순수했던 하나님을 향한 사랑을 가지고 싶다. 휘장에 있던 쓸쓸했던 성궤를 보고 마음이 아팠던 그 다윗을 본받고 싶다. 하나님을 진정으로 사랑하고 싶다.

주님.

당신을 이해하고 싶습니다. 초라한 성막과 휘장에 거하셨던 하나님. 당신은 지금 이 대형화된 화려한 교회들 가운데 거하시는지. 아니면 어디에 계십니까.

당신이 바라보는 곳을 바라보게 하소서. 당신의 눈을 통해 세상을 바라보게 하소서.

| 악의 형상화 |

그 장례를 마치매 다윗이 사람을 보내 그를 왕궁으로 데려오니 그가 그의
아내가 되어 그에게 아들을 낳으니라 다윗이 행한 그 일이 여호와 보시기에
악하였더라 (사무엘하 11:27)

다윗의 범죄는 하나님께서 주신 아름다움, 충성심 등 고귀한 선물들이
어떻게 뒤틀리고, 비틀어져서 죄악을 유발하고, 자라게 하는지를 보여준
다. 인간의 삶을 독버섯처럼 파고드는 죄의 모습을 이렇게 생생하게 형상
화해주는 장면도 그닥 많지는 않을 것이다.

이 모든 것은 다윗이 평안함 가운데 도취해서 자신의 성 가운데 안주하
고 있던 때에 일어났다. 이 장의 첫 구절은 의미 있다.

"다윗은 예루살렘에 그대로 있더라."(사무엘하 11:1)

다윗이 전쟁에 출전하지 않고 쉬고 있었다는 것을 근본적 원인이라고
보고 싶지는 않다. 그러나, 이 환경적 요인은 인간이 언제 마음을 뺏길 수
있는지를 보여준다. 자신이 아는 모든 이들이 전쟁에 참여하고, 텅 빈 왕
궁. 자신을 보고 있던 이들의 시선에서 자유롭고, 자신이 신경 써야 했던
모든 굴레가 일시적으로 벗어진 찰나의 자유.

왕으로서 늘 조심하고, 근엄해야 했던 다윗이 순식간에 아무것도 꺼릴
것이 없는 자유를 맛보게 되면서 폭발적인 유혹이 다가왔다는 것이다. 그

유혹의 도화선은 여인의 아름다움이다. 남자라면 고운 것도 거짓되고, 아름다운 것도 헛되다는 잠언의 말을 온전히 받아들이고 실천하기가 얼마나 어려운 것인지를 잘 알 것이다. 찰나의 자유에 여인의 아름다운 자태는 모든 것을 할 수 있는 왕의 권력을 동원해서 원나잇을 하고픈 파괴적 유혹에 불을 당긴 것이다. 거짓은 거짓을 낳게 된다. 그리고, 거짓은 자신을 지키기 위해 진실을 왜곡시킨다. 이것이 죄의 속성이다. 무서운 번식력이다.

이 여인 밧세바의 남편인 우리야는 민족을 위해 자신의 충성을 바친 다윗의 장군이었다. 다윗의 명령으로 예루살렘으로 돌아왔음에도 혼자만 쉴 수 없다며 집으로 돌아가 아내와 동침하지 않았다. 이러한 충성이 결국 그를 죽음으로 내몰았다. 얼마나 아이러니인가. 죄에 그 마음이 잠식된 다윗에 의해 그의 충성심은 철저히 조롱당하고, 비틀려졌다.

요압은 우리야를 살아서 돌아올 수 없는 전장에 배치하라는 다윗의 조용한 살인 명령에 동조한다. 이것은 분명, 충성심에 근거한 순종이 아니다. 철저한 계산적인 행동이며, 요압의 비도덕적 성격의 극치를 보여주는 것이리라.

결국, 다윗은 마지막까지도 요압의 전횡을 어찌하지 못하며, 솔로몬에게 요압을 경계하라는 유언을 남길 정도로 휘둘리게 된다. 이때의 치명적 실수, 도덕적 결함은 끝까지 요압에 대한 다윗의 심리적 약점으로 남았을 것이다.

성경은 가장 드라마틱한 죄의 번식을 가장 하나님의 마음에 합하였다고 칭해졌던 다윗의 타락을 통해 보여줌으로써, 그 어떠한 인간도 죄에서 자유로울 수 없음을, 인간은 원천적으로 악에 편향되어 있음을 보여준다.

주여, 우리를 시험에 들지 않게 하소서. 악에서 구해주소서.

욕망을 다스리게 하소서. 영혼을 거스르는 육체의 소욕을 제어하게 하소서. 더욱더 깊은 아버지의 뜻이 늘 존재함을 기다리며, 순간의 선택 가운데 영원을 바라보게 하소서.

| 나단의 우화 |

"나단이 다윗에게 이르되 당신이 그 사람이라"(사무엘하 12:7)

다윗이 우리야를 그렇게 죽인 후에 과연 양심의 가책이 없었을까? 그럴 수도 있다. 선지자 나단이 등장하기 전에 다윗이 크게 뉘우치며 회개했다는 기록은 없다. 하나님의 사람도 때로는 죄의 덫에 빠질 수 있으며, 화석화된 양심은 그것이 죄인지 조차 분간할 수 없을 정도로 무디어질 수도 있음을 보여준다.

바로 이때 등장한 것이 나단이다. 나단은 우화로 다윗의 모든 가식을 단칼에 벗겨냈다. 나단의 우화에서 죄는 무엇인가. 우화는 부자가 가난한 자의 것을 빼앗는 것을 죄라고 하고 있다. 그것은 탐욕을 의미한다. 이것이 다윗의 마음 가장 중심에서 모든 것을 벌어지게 한 원인이라는 것을 지적하는 것이다.

네 주인의 집을 네게 주고 네 주인의 아내들을 네 품에 두고 이스라엘과 유다 족속을 네게 맡겼느니라 만일 그것이 부족하였을 것 같으면 내가 네게 이것 저것을 더 주었으리라 그러한데 어찌하여 네가 여호와의 말씀을 업신여기고 나 보기에 악을 행하였느냐 네가 칼로 헷 사람 우리아를 치되 암몬 자손의 칼로 죽이고 그의 아내를 빼앗아 네 아내로 삼았도다(사무엘하 12:8~9)

우리는 가진 것에 만족하지 않는다. 기소유는 우리에게 만족을 줄 수 없다. 가지고 있지 않은 것, 남의 것에 매력을 느낀다. 그래서, 타인의 하나밖에 없는 소유도 잔인하게 빼앗을 수 있다. 그것이 인간이다.

그러나 하나님은 배고픈 자가 빵 한 조각을 훔치는 것과 부자가 가난한 자의 것을 훔치는 것을 결코 동일하게 보시지 않는다. 나단의 저 엄중한 선포에서 빠져나갈 수 있는 구멍이 없다.

저 선포는 그 당시 왕권에 대한 놀라운 재해석을 의미하는 것 같다. 모든 백성은 왕의 소유이며, 그렇기에 마음대로 할 수 있다는 식의 전제 군주적 사고방식에 경종을 울린다. 어쩌면 다윗도 이 전제 군주적 생각에 동조하게 된 것일지도 모르겠다.

그렇지만, 네 이웃의 것을 탐하지 말라는 계명은 왕이라도 지켜야 할 엄중한 것이다. 궁극적 통치자는 하나님이시라는 놀라운 메시지의 선포이기도 하다.

인간이 가진 어두운 탐욕. 탐욕을 위해 자신의 권력을 기꺼이 휘두르며, 긍휼히 여기는 마음을 찾아볼 수 없는 잔인성. 나단의 우화는 이러한 것을 극명하게 보여줌으로써, 다윗이 그 자신을 돌아보게 한다.

이러한 죄의 본성이 내 안에도 고스란히 존재한다. 내가 다윗의 자리에 있었다면, 권력의 향기에 취해 훨씬 더 잔인한 짓도 서슴지 않았을지 모른다. 고난 가운데서 율법을 지키는 것보다 영광의 자리에서 지키는 것이 얼마나 어려운가를 깨닫는다.

권력의 자리에서, 무엇이든지 할 수 있는 자리에서, 굳이 선을 행하지 않아도 될 자리에서 하나님의 율법을 묵상하며, 선을 행하는 것이 얼마나 어려운 일인지.

이제 네가 나를 업신여기고 헷 사람 우리아의 아내를 빼앗아 네 아내로

101

삼았은즉 칼이 네 집에서 영원토록 떠나지 아니하리라 하셨고 (사무엘하 12:10)

흥미로운 것은 다윗이 욕심을 내고, 죄를 짓는 행위가 복을 주신 하나님을 업신여기는 행위라고 하나님께서 느끼신다는 것이다. 아버지는 그 많은 것을 베풀어주었음에도, 은혜도 모르고, 타인을 망가뜨려가며 자신의 탐욕을 추구하는 행위, 단지 가난하고, 당하는 자가 불쌍해서 그것을 죄라 하시는 것뿐 아니라, 바로 하나님 자신께서 업신여김을 당하신다고 생각하신다.

예전에 난 하나님을 인간관계 가운데 명령을 주시고 공정한 심판을 내리시는 일종의 야구나 축구에서의 심판과 같은 이미지를 가지고 있었던 것 같다. 이 명령들이 하나님께서 주신 명령이니까, 이를 지키지 않는 것을 하나님을 무시한 것이라고 말할 수도 있겠다.

그런데, 여기서 업신여긴다라는 뉘앙스는 훨씬 더 깊다. 그냥 말을 무시한 것 정도가 아니라는 것이다. 하나님 자신이 이 게임의 주전선수이신 것이다. 인간의 행위에 대한 냉정한 심판이 아니라, 상처를 입고, 분노하시는, 개입하시는 주체적 존재이신 것이다. 하나님께서 우리의 삶에 얼마나 관심을 가지시고, 가까이 계시는지가 느껴지는 구절이다.

나를 돌아본다. 다윗보다도 훨씬 어두운 죄성이 내 안에 존재한다.

부인할 수 없는 죄성. 그 절망을 이길 수 있는 것이 내 안에 존재하는 또 다른 법, 복음의 빛임을 믿는다. 완전한 용서와 절대 사랑으로 빛의 아들의 나라로 숨겨져 버린 내 존재를 믿는다. 내 존재의 변화는 나의 인식과 실천의 변화를 마침내 가져올 것이다.

그것이 복음의 능력이다. 그것이 나의 싸움이다.

주여.

인도하소서.

죄의 뿌리를 보게 하심을 감사드립니다.

하나님만으로 만족하게 하소서.

긍휼히 여기는 마음을 가지게 하소서.

선하게 하소서.

| 죄 의 번 식 력 |

그 후에 이 일이 있느니라(사무엘하 13:1)

다윗의 아들인 암논은 배다른 여동생 다말을 강간했다. 성경은 가감 없이 왕가의 치부를 드러낸다. 성경의 관심은 왕조의 내력과 치적을 기록하는 것이 아니라, 인간의 역사 가운데 역사하시는 하나님을 여실히 드러내는 것임을 확인하게 해주는 장면이다.

암논은 다말을 사랑했다고 말한다. 그러나, 육체를 사랑한 것은 도착일 뿐, 진정한 사랑이 아니다. 이러한 집착적 증상은 인격적 관계가 부재함을 의미한다. 어쩌면, 같은 아버지를 둔 왕족이기에 이루어질 수 없는 사랑이었다는 것이 더욱 암논의 욕망을 부채질했을지도 모르겠다.

사단의 음성은 이러한 정황을 타고 암논의 혈관으로 흘러들어왔다. 성경이 간사한 자라고 평한 요나답이 암논을 향해 둘만 있을 기회를 만들라며 암논을 부추겼다. 이 궤사는 하와를 유혹한 뱀의 음성이다. 예수를 팔아버린 가룟 유다에게 사단이 들어갔다고 누가는 표현하지 않았는가.

우리는 어쩌면 하루 동안에도 수 없이 사단의 유혹을 받고 있는지도 모르겠다. 하나님의 말씀에 깨어있지 않다면 늘 넘어질 수밖에 없다.

도착은 곧 벗겨졌다. 이것은 영속적이지 못하다. 인격과 정신의 교감이 없는 육체적 합일은 욕망의 달성이 끝나면 사라지는 신기루이다. 인격적인 면이 결여되었기에, 육체는 정신적인 면을 마비시켜버릴 수 있는 강렬한 욕망을 추구한다. 이 가운데 인간의 존엄은 존재하지 않는다. 하나님께서 창조하신 성은 그런 것이 아니다. 성은 신비로운 인격적 존중의 정점이다. 사랑하는 남녀가 서로의 사랑과 존중을 육체로 표현하는 숭고한 것이건만, 암논의 도착은 이러한 존중이 없는 채 다말의 의지를 꺽고, 자신의 욕망을 성취하고 말았다. 아프고, 비극적인 장면이다.

죄는 죄를 잉태한다. 번식력이 있다. 죄는 인간의 감정에 똬리를 튼다. 인간의 쓴 뿌리에 기생한다. 다말의 직계 오라버니이자 다윗의 또 다른 아들인 압살롬은 심지가 깊은 인물이다. 나중에 왕권을 위협할 정도로 대중적이기도 하지만, 마음을 쉽게 드러내지 않는 이다. 그는 이 암논의 강간 사건에 대해 다윗이 어떠한 징계도 내리지 않는 것을 보면서도 잠잠히 있었다. 그렇지만, 그의 여동생을 보면서 분노를 키워갔다.

암논의 저런 행위를 결국 아무런 제재 없이 넘어갈 수밖에 없는 데는 다윗의 과거의 죄가 큰 작용을 했을 것이다. 나도 밧세바를 범하는 죄를 짓지 않았던가. 이런 내가 암논을 벌한다고 해도 과연 다른 이들이 이를 인정해줄 것인가. 공정한 처사를 내릴 수 없을 정도로 다윗의 마음은 죄로 인해 상해 있었다.

이것은 또 다른 죄를 낳는다. 즉, 압살롬의 분노를 키움으로써, 결국 압살롬이 암논을 살해하게 되는 것이다. 사람을 죽이는 것이 정당하다 느낄 정도로 분노가 사람을 장악해버리게 된 것이다. 우발적 행위가 아닌 계획적 살인이었다. 죄는 단단하게도 압살롬의 양심을 장악했다. 다윗을 대신해서 내린 정당한 대리심판이라 생각했을 것이다.

이 살인은 결국 다윗과 압살롬을 갈라놓는 결정적 계기가 된다. 다윗은 자기 아들을 죽인 압살롬에 대한 쓴 뿌리를 쉽게 잊을 수 없었다. 압살롬은 3년을 도피해야 했고, 우여곡절 끝에 예루살렘으로 돌아온 후에도 2년간을 다윗의 얼굴을 마주 볼 수 없었다. 다윗은 그토록 압살롬에 대한 섭섭함을 지워내기가 쉽지 않았다.

압살롬은 다윗을 대리하여 암논을 심판한 이 대리심판 행위를 떳떳하다고 생각하고, 문제의 근원은 오히려 다윗이라 생각했을 것이다. 자신을 예루살렘으로 불러 놓고도 2년 동안 얼굴도 보이지 않는 아버지에게 느낀 섭섭함도 죄가 기생할 번식처였다. 나중에 압살롬은 차라리 자신을 죽여달라는 요청을 통해서 겨우 아버지를 만나게 된다. 이 2년. 돌아오되 용서받지 못한 시간. 왕자로서 인정받지 못한 시간. 아버지이자 왕인 다윗의 긴 침묵은 어쩌면 압살롬의 말마따나 형벌보다도 더 큰 고통의 시간이었을지 모른다. 인간적으로 받아들여지지 못함과 정치적으로 사형선고와 같았던 시간. 이 침묵의 시간은 압살롬의 고통을 키우고, 이는 아버지에 대한 분노로 이어졌다. 그것이 바로 반역의 씨앗으로 자란 것이다.

서로를 향해 자라나는 쓴 뿌리가 죄의 번식터라는 것이 너무나도 극명하게 다윗 왕가를 통해 형상화된다. 두려운 부분 아닌가. 부자 관계가 원수 관계로 변할 수 있다는 것이. 죄의 파괴력은 이토록 치명적이다. 꼬리에 꼬리를 무는 죄의 악순환.

하나님의 마음에 합한 사람이라 일컬어졌던 다윗의 인생이 이토록 순탄치 않았다는 것은 참으로 많은 것을 생각하게 한다.

젊은 시절을 도피 생활로 편하게 눈붙일 새가 없었던 다윗. 말년에는 자기 아들의 반역으로 왕궁에서 쫓겨나기까지 하는 수모를 겪은 다윗. 이 과정에서 깨어진 인간관계, 다윗이 받은 상처는 이루 말할 수가 없을 것이다. 그런데도 하나님은 다윗을 마음에 합한 자라 말씀해주셨다. 막대기로 칠지라도 결단코 그를 버리지 않겠다 하셨다.

더는 기구할 수 없을 것 같은 그 인생 가운데서도 하나님께서 버리지 않고, 함께 하시겠다 한 약속만을 붙잡고 살아간 이가 다윗이다. 처절함 가운데 터져 나온 그의 시편은 찬양이며, 토로이며, 눈물이다. 인간의 투명함인 것이다. 고난 가운데 응고된 결정체이다.

한순간의 유혹에 넘어감으로 그의 인생에 들어온 죄의 씨앗이 얼마나 무서운 번식력을 자랑하며, 무참히 그와 그의 주변의 인생을 깨뜨렸는지를 성경은 참으로도 적나라하게 보여준다. 주야로 하나님의 말씀을 묵상하라는 말이 오늘따라 깊이 와닿는다.

시험에 들게 하지 말고, 악에서 구해달라는 평범한 주기도문의 깊이를 깨닫게 된다.

주님. 올바른 판단을 하게 하소서. 악에서 구하소서.

악에 지지 말고, 선으로 악을 이기게 하소서.

| 압살롬의 반역 |

그러나 그가 이와 같이 말씀하시기를 내가 너를 기뻐하지 아니한다 하시면 종이 여기 있사오니 선히 여기시는 대로 내게 행하옵소서 하리라 (사무엘하 15:26)

사무엘하 15장의 내용은 대부분 크리스천에게 익숙한 내용이겠다. 내용인즉슨, 다윗의 아들 압살롬이 반역을 일으켜 성공했으나 다윗세력의 반격으로 결국 패배했다는 것이다.

그런데 궁금한 점이 하나 있다. 다윗은 반역의 조짐을 미리 알지 못했을까. 중국의 고전인 춘추에는 왕으로 등극한 장공이라는 사람이 그 동생인 공숙단이 점차 세력을 늘려가는 것을 알고도 역모가 성숙하길 기다렸다가 쳤다는 내용이 있다. 압살롬이 병거와 말들을 준비하고, 왕에게 갈 재판을 자신이 대신하며 성경의 표현대로 민심을 훔친 지가 4년이다. 다윗은 이를 전혀 의심치 않았을까.

다윗은 과거 하나님께서 하신 예언을 기억하고 있었을 것이다. "칼이 네 집을 영영히 떠나지 아니하리라. 내가 네 처들을 네 눈앞에서 다른 사람에게 주리니 그가 백주 대낮에 동침을 하고." 이 섬뜩한 예언을 접한 다윗의 삶이 이전과 같을 수 있었을까. 이것이 아무리 자신의 죄로 인한 벌이었다 해도 말이다.

지존자를 적으로 두게 되는 그 삶은 그대로 지옥이 아니겠는가. 멀리 가지 않고도 바로 앞서 왕이 되었던 사울이 이를 경험하지 않았는가. 자신의 왕위를 다른 이에게 넘겨주겠다는 하나님의 예언 앞에서 그는 왕위 후보자 다윗을 미연에 죽임으로써 그 예언을 깨뜨리기 위해 전 인생을 걸지 않았는가. 인간이라면 어쩔 수 없는 위협 앞에서 자신의 것을 지키기 위해 몸부림을 치는 것이 인지상정 아니겠는가. 만약 이것이 다윗에게도 적용된다면 다윗도 영영 떠나지 않을 칼에 대비하기 위해 어떠한 이상 조짐에도 늘 긴장하고 있었지 않았을까. 그렇다면 압살롬의 반역 조짐을 모른다는 것이 오히려 이상하지 않을지.

압살롬의 반역 소식을 접한 다윗은 설마 내 아들? 하며 머뭇거리지 않고, 그 즉시 자신의 사람들을 데리고 궁을 탈출하는 기민성을 보였다. 그런데 이 이후 다윗의 행보가 내게는 참으로 인상 깊었던 것인데. 다윗은 분노와 복수심에 사로잡히지 않았고, 왕위 탈환을 위해 칼을 갈지 않는다. 오히려 그가 보여준 분위기는 상심과 자포자기에 가깝다. 그는 자신을 따라온 제사장들을 돌려보냈고, 하나님의 궤 역시 예루살렘으로 돌려보냈다.

왕이 또 제사장 사독에게 이르되 네가 선견자가 아니냐 너는 너희의 두 아들 곧 네 아들 아히마아스와 아비아달의 아들 요나단을 데리고 평안히 성읍으로 돌아가라 (사무엘하 15:27)

출중한 모사도 자신 곁을 떠나보냈다. 다윗은 이들을 보내면서 예루살렘의 소식을 전해주고, 압살롬을 훼방해 달라고 부탁한다. 결과를 보면 이러한 다윗의 선택은 탁월한 혜안이었다. 그러나, 이 순간에서는 너무나도 무력하고, 자포자기적으로 보이지는 않는지. 만약 왕위 탈환전을 화끈하게 하려 했다면 영적, 정치적 정당성을 주장할 수 있는 하나님의 궤와 제사장과 전략가 같은 자산들을 자신 곁에 두는 것이 유리하지 않았을지. 다윗은 자신이 있는 곳에서 전쟁을 치르기 위한 준비를 하지 않고, 압살롬이 있는 예루살렘만을 보고 있는 것인데 이는 그가 왜 이러한 사태가 일어났으며, 자신의 운명이 하나님에게 달려있음을 누구보다도 정확하게 알고 있음을 보여준다. 다윗은 자신의 힘으로 그 섭리를 바꾸거나, 의도하는 방향으로 끌고 가려 하지 않고, 오직 하나님의 뜻에 맡기고 있다.

다윗의 저 신앙은 하나님을 인격적으로, 경험적으로 알지 않고서는 나올 수 없는 것이다. 절망의 심연 속에서 다윗의 선택은 그가 진정 의지하는 것이 무엇인지를 알 수 있다. 다윗은 하나님께서 내리신 이 비참한 상황에서도 하나님을 끝까지 의지했다.

하나님을 믿는다는 것이 무엇인지. 다시 깊이 생각해 보게 된다.

| 건지시던 밤 |

압살롬과 온 이스라엘 사람들이 이르되 아렉 사람 후새의 계략은 아히도벨의 계략보다 낫다 하니 이는 여호와께서 압살롬에게 화를 내리려 하사 아히도벨의 좋은 계략을 물리치라고 명령하셨음이더라(사무엘하 17:14)

긴급한 밤이었다. 이날 밤 압살롬 진영의 결정에 다윗의 목숨이 달려있었다. 우리의 결정적인 운명이 대부분 우리의 손에 있지 않다는 인생의 아이러니.

그날 밤, 도망간 다윗을 어떻게 해야 할지 두 개의 전략이 경쟁했다. 하나는 지친 다윗을 바로 추격해서 끝장을 내야 한다는 아히도벨의 전략이다. 다른 하나는 추격이 실패할 때 반란군의 사기 저하 등 충격이 클 것이므로 섣부른 추격보다는 병력을 총동원하여 전면전으로 가야 한다는 후새의 신중론이다.

이 밤의 전략회의에서 다윗의 운명을 끝장낼 수 있었던 것은 아히도벨의 추격전이었다. 그러나, 압살롬은 신중해 보이는 후새의 전략을 선택했고, 이것은 결국 패배로 들어서게 된 것인데 성경은 그것을 하나님의 뜻이라 했다. 그리고, 이 결과를 전해 들은 아히도벨은 이 반란이 실패할 것임을 내다보고 고향으로 돌아가 스스로 목을 매어 죽는다. 자신이 선택한 압살롬에게 신의 뜻이 있지 않았음을 안 현자의 선택이었다.

후새의 전략 덕분에 다윗은 한숨을 돌리고, 이제 양 진영의 전면전을 남겨두게 된다.

왜 하나님은 다윗의 인생에 칼을 보내시고, 또 구원하시는 것일까. 왜 하나님은 다윗을 사울에게 쫓기게 하시고, 간음과 살인죄를 저지를 때 이를 방임하시고, 압살롬의 반역에 노출되게 하시고, 왜 이제는 구원하시는 것일까.

사울에게 쫓길 때와 압살롬에게 쫓길 때 결정적인 차이가 있다. 하나는 다윗에게 죄가 있지 않다면, 또 다른 하나는 다윗의 죄로 인해 발생했다는 것이다. 여기서 고난과 죄를 연결하거나, 또는 연결하지 않는다거나 하는 말을 하고 싶은 것은 아니다.

묵상해보고 싶은 것은 다윗의 마음이자 하나님을 향한 자세이다. 심리적으로 당당한 상태에서의 하나님을 향한 마음과 자신의 죄로 인한 고난 앞에서 하나님께 향하는 간구의 차이를 보고 싶은 것이다.

자신의 죄로 인한 예언이 실현되는 과정에서 다윗은 하나님께 어떻게 다가가고 있는가.

아마도 가장 큰 차이는 전자는 하나님께서 나를 건지실 것이라는 확신을 가지기가 더 쉽겠지만, 후자는 그렇지 않다는 점일 것이다.

왕이 사독에게 이르되 보라 하나님의 궤를 성읍으로 도로 메어 가라 만일 내가 여호와 앞에서 은혜를 입으면 도로 나를 인도하사 내게 그 궤와 그 계신 데를 보이시리라 그러나 그가 이와 같이 말씀하시기를 내가 너를 기뻐하지 아니한다 하시면 종이 여기 있사오니 선히 여기시는 대로 내게 행하시옵소서 하리라(사무엘하 15: 25~26)

다윗의 이 마음. 기독교적 용어로 깨어진 심령. 자신의 죄로 인해 벌어진 이 일을 온몸으로 체감하며 운명을 순순히 받아들이리라는 마음이다.

하나님의 약속과 상급을 위해 고난을 견디고 미래로 달려나가는 젊은 다윗과 처절한 죄의 결과에 깨어져 하나님의 처분을 순순히 기다리는 인생 후반부의 다윗.

다윗은 철저히 하나님 앞에 홀로 서 있다. 그를 따르는 무리를 생각했다면 그는 하나님의 궤를 돌려보내지 않았을지도 모른다. 그리고, 저렇게 무력한 모습을 보이지 않았을지도 모른다. 그러나, 이 순간에 그가 바라보는 것은 오직 하나님이다. 그렇기에 이 상황의 주어가 내가 아니라 하나님인 것이다. 하나님의 은혜와 긍휼을 구하는 것이 유일한 살길인데 거기에 대해 자신이 할 수 있는 것은 없다는 것이다.

다윗은 하나님께서 상한 심령을 기뻐하는 것을 알고 있다. 그렇기에 그는 구할 수 있는 것이다. 억울함을 호소하지도 못하고, 고개를 제대로 들지도 못하는 심령. 하나님은 이러한 심령을 긍휼히 여기신다고 한다. 그리고 여기에 다윗의 소망이 있는 것이다.

자기의 의가 부서지고 하나님 앞에서 맨몸으로 서기까지 기나긴 여정이 걸린다. 아직도 먼 것 같다. 의도적으로 저 상한 심령을 만들어낼 필요는 없겠으나, 어느 날 마음에 상한 심령이 들어 힘이 든다면, 하나님의 구원이 가까이 있다는 것이 아닐까 한다. 그렇기에 그분을 찾아야 할 것이다.

| 슬픈 승리 |

내 아들 압살롬아 내 아들 내 아들 압살롬아 차라리 내가 너를 대신하여 죽었다면 (사무엘하 18:33)

다윗의 이번 승리는 슬프다. 압살롬을 잃은 다윗의 마음이 슬프다. 다윗의 울음을 보는 백성의 마음이 슬프다. 시므이를 용서하면서도, 끝내 솔로몬에게 그를 평안히 잠들지 말게 할 것을 유언으로 남기는 쓴 뿌리가 슬프다. 그렇게 가까이에 두었던 므비보셋의 충정에 대해 시바와 재산을 나누라는 냉정한 한마디로 모든 것을 정리하려는 그 마음이 슬프다. 인생을 관통하는 거친 상처가 슬프다.

만약 인간이 태초에 선악과를 따먹지 않았다면, 우리의 인생은 이러한 상처와 굴곡이 없는 인생이었을까. 다윗의 마음이 많이 굳어졌다는 것이 이번 장을 읽으면서 느껴진다. 승리를 찬양하는 시편이 없다.

이 거칠었던 시험을 겪으면서 초토화된 그의 마음과, 예루살렘 궁을 다시 일으키는 일은 지난하다. 백성들은 나뉘었고, 압살롬의 흔적은 궁에 만연하다.

자식을 잃은 다윗의 마음은 전쟁에 승리케 하신 하나님을 찬양하지도, 목숨을 걸고 그를 위해 싸운 백성들을 위로하지도 못한다. 이겼지만, 기쁘지 않은 전쟁. 사랑했던 이와 싸워야 했던 전쟁.

성경은 에서와 야곱, 다윗과 압살롬 등 가족 간의 아픔과 비극을 적나라하게 드러낸다. 예수님의 족보라고 아름답기만 한 것은 아니다. 오히려.

온갖 인간상을 다 녹여 휘저어 섞은 듯하다. 그것이 인간이고, 인생이고, 역사이다.

이해할 수 없는 고난.
이 고난을 이해할 수 없지만, 궁극의 열매는 이 고난의 상처 가운데서 우리도 황금빛을 내는 인격의 성숙이 있을 것이라 믿는다.

하나님 안에서 이겨낼 힘을 주소서.

| 눈물의 선지자 |

"베냐민 땅 아나돗의 제사장들 중 힐기야의 아들 예레미야의 말이라 아몬의 아들 유다 왕 요시야가 다스린 지 십삼 년에 여호와의 말씀이 예레미야에게 임하였고 요시야의 아들 유다의 왕 여호야김 시대부터 요시야의 아들 유다의 왕 시드기야의 십일년 말까지 곧 오월에 예루살렘이 사로잡혀 가기까지 임하니라"(예레미야 1:1-3)

예레미야는 눈물의 선지자라 불린다. 그가 눈물이 많은 심약한 성격의 소유자였기 때문이 아니다. 예레미야 1:3절은 예레미야에게 하나님의 말씀이 예루살렘이 사로잡혀 가기까지 임하였다고 했다. 즉, 예레미야는 고국인 유다가 멸망할 것이라고 예언하였고, 그 자신의 예언이 실현되는 것을 자신의 생애에 본 것이다. 유다가 멸망하고, 유다의 마지막 왕인 시드기야 왕이 두 눈이 뽑힌 채로 바벨론으로 끌려가는 것을 보았기에 눈물의 선지자라고 불리는 것이다.

예레미야는 바로 앞 성경의 주인공인 이사야와는 많이 다르다. 강한 성격의 이사야와 달리 예레미야는 소심하고 유약한 성격의 소유자였다. 하나님은 이러한 예레미야를 불러서 유다왕조의 멸망을 선포하라는 참으로 무거운 소명을 주셨다.

"여호와여 주는 나의 찬송이시오니 나를 고치소서 그리하시면 내가 낫겠나이다 나를 구원하소서 그리하시면 내가 구원을 얻으리이다

보라 그들이 내게 이르기를 여호와의 말씀이 어디 있느냐 이제 임하게 할 지어다 하나이다 나는 목자의 직분에서 물러가지 아니하고 주를 따랐사오며 재앙의 날도 내가 원하지 아니하였음을 주께서 아시는 바라 내 입술에서 나온 것이 주의 목전에 있나이다"(예레미야 17:14-16)

이러한 무거운 역사적 소명 앞에 예레미야는 하나님께 부르짖었다. 시대의 아픔을 부여잡고 깨어 기도하며, 말씀을 전하길 23년. 자신의 메시지가 받아들여지지 않음에도 목자의 직분을 포기하지 않았던 하나님의 선지자가 부르짖던 그 깊이와 무게가 느껴지지 않는가.

"슬프고 아프다 내 마음속이 아프고 내 마음이 답답하여 잠잠할 수 없으니 이는 나의 심령이 나팔 소리와 전쟁의 경보를 들음이로다"(예레미야 4:19)

예레미야의 고백이다. 이보다 처절할 수 있을까. 당시 이스라엘은 세인들이 보기에 태평성대였다. 어느 누구도 전쟁을 예견하는 자가 없었고, 그들이 이방신을 섬기고, 불의를 행하는 죄를 범하고 있다고 생각하지도 않았다. 하나님의 진노는 차곡차곡 쌓여가는데, 어느 누구도 그 진노의 온도계가 계속 올라가고 있다는 것을 모르고 있었다. 종교지도자도, 정치지도자도.

그래서 하나님께서는 예레미야를 부르신 것이다. 예레미야는 하나님께서 보여주시는 환상을 보았다. 진노가 임하는 것을 보았다. 그러나, 아무도 그를 하나님의 선지자라 인정하지 않았다. 전쟁을 말하는 그를 아무도 반기지 않았다. 오히려 그를 죽이려 했다. 결국, 전쟁은 일어났고, 그는 자신의 예언이 이루어지는 것을 보았다. 이 선지자가 느꼈을 고독의 깊이를 헤아릴 수 없다.

왜 하나님은 유다를 망하게 하지 않고 예레미야를 통해서 멸망의 메세지를 선포하셨던 걸까. 노아의 홍수 때처럼 싹 쓸어버리시지 않고. 이방 민족들처럼 다 멸절시키시지 않고.

그 소명의 무게에, 그 메세지의 암담함에, 그 백성의 귀먹음에 가슴을 치는 예레미야를 본다. 그리고 그 배후에 있는 이스라엘의 도덕적, 종교적 타락을 심판하실 수밖에 없는 하나님의 진노와 안타까움과 눈물을 본다. 하나님과 선지자의 절대고독과 교감을 본다. 이 세상이 이해할 수 없는 메시지를 가졌던 두 거대한 슬픔을.

오늘날이 그 당시의 유다보다 낫다고 할 수 있을까. 예레미야를 통해 우리의 삶과 역사 너머에서 이를 주관하시는 공의의 하나님이 계심을 보게 된다. 때때로 우리는 이스라엘의 역사를 통해 선명하게 기록되어 있는 하나님의 공의와 심판에 대해 무감각하다. 마치 힘 있는 자, 나라가 역사를 좌지우지 하는 것처럼 보일지 모른다. 그러나, 역사의 주인은 하나님이시다. 그리고, 하나님께서는 예레미야처럼 당신의 마음을 공감하며, 이 세상을 향해 눈물을 뿌리며 기도하는 이를 찾고 계실 것이다.

하나님께서는 회복의 희망을 남겨놓으셨다. 예레미야가 예언한 70년 후의 회복의 메시지는 다니엘을 통해 재발견 된다.

주여. 이 민족을 기억하소서.

| 행동하는 기도 |

"오늘 종이 형통하여 이 사람 앞에서 은혜를 입게 하옵소서"(느헤미야 1:11)

느헤미야서는 유다가 바벨론에 망해서 많은 이들이 포로로 사로잡혀간 지 약 140여년이 지난 시기를 배경으로 한다. 느헤미야는 페르시아에서 술관원으로 있었다고 한다. 당시 술관원은 왕이 마시는 술에 독이 타있는 지를 미리 점검해야 하는 중책이었다고 한다. 느헤미야는 왕이 자신의 목숨을 맡길만큼 신뢰할 수 있는 이였던 것이다.

예루살렘과 멀리 떨어져 페르시아에서 나름 성공한 관직을 가진 느헤미야는 어느 날 예루살렘에서 온 동생이 전해준 소식에 큰 충격을 받는다. 예루살렘 성이 무너지고, 성문들이 불탔다는 소식이었다.

이에 느헤미야는 수일 동안 슬퍼하며 금식하며 기도한다. 느헤미야의 기도는 하늘의 하나님에 초점을 맞추는 데서 시작해서, 결국 한귀절로 끝난다. 그것이 바로 종이 형통하여 이 사람 앞에서 은혜를 입게 해달라는 것이다. 이것이 과연 무슨 의미인가?

그 비밀이 2장에서 밝혀지는데, 그것은 왕 앞에서 자신의 소원, 즉 자신이 예루살렘으로 가서 예루살렘 성벽을 재건하겠다고 왕에게 요청하는 것이다. 신하로서 왕에게 무엇인가를 요청하는 것도 몹시 어려운 일일텐데, 식민지인 예루살렘 성벽의 재건축은 자칫 페르시아에게는 이스라엘 백성들의 반역을 조장하는 것으로 보일 수도 있지 않겠는가. 느헤미야는 자신의 성공을 버리고, 반역의 누명을 쓸지도 모르는 성벽의 재건을 자신이 하도록 왕에게 요청하기로 결정한 것이다. 그래서, 왕 앞에서 표정관리를 해야하는 신하의 법도를 깨며 근심하는 표정을 의도적으로 지은 것이다. 왕이 느헤미야의 얼굴이 근심이 어린 것을 보고, 느헤미야에게 그 이유를 물었을 때 느헤미야는 크게 두려워하며 마음에 준비해둔 말을 꺼내었다고 성경은 기록한다. 수일 동안 금식하며 얻은 기도의 결론이 바로 자신을 던지는 것이었다.

또한 느헤미야의 기도를 보면 영적 지도자란 어떤 사람인가에 대해 깊은 통찰을 준다. 그는 중보자였다.

"나와 내 아버지의 집이 범죄하여 주를 향하여 크게 악을 행하여 주께서 주의 종 모세에게 명령하신 계명과 율례와 규례를 지키지 아니하였나이다"(느헤미야 1:6-7)

자기 민족이 지은 죄를 자신의 죄처럼 고백하고 있고, 하나님께서 이스라엘 민족을 돌아보시기를 간절히 기도하고 있다. 민족의 운명을 자신의 운명과 동일시하고, 민족의 죄를 대신 회개하며 하나님께 용서를 구하고 있다. 이것이 이스라엘의 지도자들의 모습이었다. 이는 단순히 자신의 민족에 대한 사랑 때문만은 아니다. 이스라엘 민족이 하나님의 백성이기 때문이요, 하나님의 명예와 직결되는 문제이기 때문에 느헤미야는 부르짖는 것이다.

"이들은 주께서 일찍이 큰 권능과 강한 손으로 구속하신 주의 종들이요 주

의 백성이니이다"(느헤미야 1:10)

 하나님께서 무엇인가를 보게 하셨다는 것은 중요하다. 느헤미야에게 예루살렘 성벽의 훼파를 보게 하셨다. 그리고, 그로 하여금 가슴 깊이 뜨거운 감정을 느끼게 하셨다. 그를 부르신 것이다.

 느헤미야는 성벽 재건을 성공적으로 마치고, 이스라엘 백성의 영적 개혁까지도 이끌어낸다. 그렇지만, 영적 개혁은 지난하다. 페르시아의 수산성으로 돌아갔다가 다시 예루살렘으로 돌아온 그는, 자신이 부재한 동안 다시 타락의 길로 돌아서는 이스라엘을 보게 된다. 느헤미야는 이 타락에 맞서 다시 한번 힘겨운 개혁의 기치를 든다.

 느헤미야서는 저자가 자신이 겪은 일들을 일기처럼 담담하게 기록한 성경이다. 다니엘서와 같은 생생한 기적도, 예언서와 같이 하나님의 음성을 직접 듣는 극적인 계시도 없이 사실적이고 실제적이다. 각종 위기에 직면하여 이를 극복해 나가는 과정에서 느헤미야의 고뇌와 하나님을 어떻게 의지하는지 잘 나타나있다. 특히, 당대의 정치가이고 개혁가였던 그가 하나님께 기억되기를 바라며, 겸손히 복을 비는 기도로 자신의 일기를 마무리하는 모습을 상상하면, 늘 겸손히 마음을 여미게 된다.

 "내 하나님이여 나를 기억하사 복을 주옵소서" (느헤미야 13:31)

| 다니엘 |

이 다니엘이 다리오 왕의 시대와 바사 사람 고레스 왕의 시대에 형통 하였더라(다니엘 6:28)

다니엘이 두 왕국을 섬겼다는 것이 재미있다. 바벨론과 페르시아 2왕국을 섬겼다는 것은 아마 세계 역사에서도 드문 사례일 것 같다. 우리나라로 치면 통일신라에서 고려로, 고려에서 조선으로 넘어오면서 재상을 했다는 얘기인데 정말 힘든 일이다. 현대 국가에서 정권이 바뀌어도 모든 장관과 주요 요직 인사들이 바뀌는데 말이다.

흥미로운 것은 다니엘이 이스라엘 백성으로서 그들의 점령군인 바벨론과 페르시아에서 관직을 맡았다는 것이다. 우리로 치자면 일제 식민지 때 일본의 재상이 되었다는 것인데, 친일파라는 딱지가 붙기 딱 알맞지 않았을까. 사실 느헤미야도 그렇고 에스더도 그렇고 성경은 이들에게 우리가 낙인찍는 소위 배신자라는 낙인을 찍지 않는다. 그 이유는 무엇일까. 아마도, 이스라엘의 고난이 하나님의 섭리로 인한 것이라는 시각이기 때문이리라.

다니엘을 다니엘로 만드는 유명한 믿음의 시험이 바로 사자굴이다. 아마도, 최고 관직에 있다 보면 정권의 교체 시마다 위기가 있었을 것이다. 다리오 왕 때 이 위기가 절정에 다다른 것이다.

적들은 다니엘을 공격하기 위해서 옴짝달싹 할 수 없이 옥죄어 온다. 그들은 왜 다니엘을 공격하는 것일까. 다니엘이 그들을 먼저 공격했다거나,

피해를 줬다는 얘기는 없다. 다니엘이 공평하고 투명했을 것이며, 대쪽처럼 올곧았을 것을 짐작할 수 있다. 역대 왕 앞에서 그 내용에도 불구하고 하나님의 예언을 담대하게 선포하며 두려워하지 않았기 때문이다. 그런데, 이 공평으로 인해서 피해를 보는 이들이 있었다. 공평은 기실 모든 이에게 이롭지는 않다. 공평은 이익을 추구하고자 하는 이들에게 오히려 거침이 될 것이다. 다니엘을 공격한 무리는 아마도 그런 이들이 아니었을까.

왕은 본인이 손수 서명한 법에 따라 어쩔 수 없이 다니엘을 처형해야 하지만, 본인이 직접 금식을 하며 하나님께 구할 정도로 다니엘을 아꼈다. 의인을 알아볼 줄 아는 왕을 만난 것은 감사한 일이다. 왕은 이러한 의인을 사실 그리 쉽게 만날 수 있는 것이 아님을 알았을지 모른다.

결론은 놀라운 하나님의 역사로 다니엘이 사자굴에서 살아나오는 기적이다. 할렐루야!

이 과정에서 다니엘은 그 시험을 잠시 피해가고자 하는 소위 꼼수를 부리지 않았다. 정면 돌파하는 그의 믿음은 경악스럽기까지 하다. 그가 자리를 연연했다거나, 사람을 바라보았다면 절대 가능하지 않았을 것이다. 그는 위험 속에서도 예루살렘을 향해 여전히 하루 세 번의 감사기도를 드렸다. 전율이 흐른다.

주님, 이 장면이 오래도록 기억에 남을 것입니다. 당신은 살아계시며 오늘도 동일하게 역사하시는 분이심을 믿습니다. 그리고, 역사의 주관이시며, 열방의 치리자이심을 믿습니다. 당신의 거룩한 개입을 기다리는 곳이 많습니다. 당신의 공의가 나타나야 할 곳이 많습니다. 인도하소서.

| 그 의 기 도 |

그가 내게 이르되 다니엘아 두려워하지 말라 네가 깨달으려 하여 네 하나님 앞에 스스로 겸비하게 하기로 결심하던 첫날부터 네 말이 응답 받았으므로 내가 네 말로 말미암아 왔느니라(다니엘 10:12)

다니엘서의 진수인 환상을 통한 예언이 나온다. 주석성경을 보니 이 예언들은 역사적으로 대부분 실현된 것 같다. 예언의 내용은 열국의 흥망성쇠와, 성도들의 삶이다. 여기서 하나님의 임재와 다니엘의 태도에 주목할 부분이 있다.

우선, 기도의 비밀이다. 기도가 천국 보좌를 어떻게 움직이는가. 하나님께서 이미 다 알고 계획하고 계신다면 우리는 왜 기도하는가. 하나님은 정말 우리의 기도를 듣고 이에 응답하실까. 이에 대한 대답이 될 수 있을 것이다. 다니엘은 은총을 입은 자이기에 특별히 응답하셨을 수도 있겠지만, 그 은총은 오늘날 하나님의 자녀로 부름을 받은 우리에게도 임했다고 할 수도 있겠다. 더욱이 성경에는 당신을 향해 부르짖으라는 명령이 매우 많다.

에스겔서에서 기억에 남는 부분은 하나님께서 이스라엘의 회복을 준비해놓고 이를 에스겔에게 보여주시면서 기도를 당부하는 장면이다.

주 여호와께서 이같이 말씀하셨느니라 그래도 이스라엘 족속이 이같이 자기들에게 이루어 주기를 내게 구하여야 할지라 (에스겔 36:37)

다니엘의 특징은 뜻을 정해서 지속적으로 하나님께 나아가는 것이다. 바빌론에 잡혀가서도 뜻을 정하여 왕의 음식을 먹지 않았다. 왕의 금지령이 내렸음에도 불구하고, 그는 자신이 정한 하루 세 번의 기도를 멈추지 않는다. 다니엘 10장에 세 이레를 금식하며 기도하는 다니엘의 모습에서 비장함이 느껴진다.

9장의 서두는 특히 의미심장한 장면이다. 다니엘이 예레미야의 서책에서 70년의 기간을 발견하고 하나님께 기도하며 간구하기를 결심하는 장면. 하나님의 은총을 받고, 지혜의 은사를 받은 다니엘이 참 자주 결심하고, 작정하고 하나님께 나아가는 모습에서 심대한 도전을 받는다.

하나님은 왜 다니엘에게 장차 일어날 환상을 보여주신 걸까. 다니엘에게 보여준다고 뭐가 바뀔까. 아마도 누군가는 당신이 이 역사의 주인이심을 기록하여 남겨주길 바라심이었으리라.

9장의 기도는 깊이 묵상해볼 필요가 있는 기도이다. 다니엘서가 주로 기적과 환상으로 채워져 있어, 다니엘의 신앙과 역사관, 즉 내면을 엿볼 만한 자료로서 이 기도가 거의 유일하기 때문이다. 그리고, 예레미야의 70년 예언을 발견하고 하나님 앞에 비장하게 나가고 있는 출사표와 같기 때문이다.

다니엘에게 은총을 주시는 것은 하나님의 주권이다. 그러나, 결심하고 하나님께 나아가는 것은 다니엘의 의지이다. 하나님께서 주신 지혜를 허탄한 데 사용한 역사도 많지 않은가. 솔로몬마저도.

그러나 다니엘이 하나님 앞에 나가서 구한 것은 자신의 영달이 아니다. 하루 세 번 기도했던 다니엘의 기도 제목은 감사였다. 9장에 나오는 다니엘의 기도 주제는 하나님의 명예 회복이다. 다니엘은 하나님의 비즈니스에 관심을 가진 자, 그분의 명예에 관심을 가진 자였다.

주님. 다니엘처럼 당신께 나가기를 기도합니다. 마음을 정하고, 뜻을 정하고, 시간을 정해서. 전심으로 당신을 찾게 하소서.

| 하나님의 숨겨진 얼굴 |

그들이 칠 때에 내가 홀로 있었는지라 엎드려 부르짖어 이르되 아하 주 여호와여 예루살렘을 향하여 분노를 쏟으시오니 이스라엘의 남은 자를 모두 멸하려 하시나이까(에스겔 9:8)

에스겔의 무서운 환상이 본격적으로 시작된다.

하나님의 진노는 무섭다. 연단도 쉽지 않지만, 진노는 더없이 무섭다. 유월절 어린양의 피로, 그 진노에서 벗어났다는 것은 정말이지 놀라운 은혜이다.

심판을 읽으면서 이러한 생각이 들었다. 도대체 이 참담한 심판의 메시지를 겪는 이스라엘 백성들에게 소망이 있을까. 언제나 되어서야 이들에게 새로운 소망이 임하는 걸까. 이들에게 회복됨이, 소성함이 있을까. 심판은 말 그대로 끝인 걸까.

이스라엘의 암담함을 온몸으로 느끼면서, 아버지의 긍휼하심만을 바라는 마음이 들었다. 그 이스라엘이 바로 나다. 이스라엘의 암담함이 나의 암담함이요, 그의 부정이 곧 나의 부정이다. 그의 완악함이 나의 완악함이다. 그의 어둠이 곧 나의 어둠이다.

심판을 예언하시던 하나님께 에스겔이 부르짖었다. 그러자, 하나님의 놀라운, 너무나도 놀라운, 그리고 감사한 응답이 왔다.

너는 또 말하기를 주 여호와의 말씀에 내가 너희를 만민 가운데에서 모으며 너희를 흩은 여러 나라 가운데에서 모아 내고 이스라엘 땅을 너희에게 주리라 하셨다 하라 그들이 그리로 가서 그 가운데의 모든 미운 물건과 모든 가증한 것을 제거하여 버릴지라(에스겔 11: 17~18)

무서운 심판의 예언을 읽다가 문득문득 끼어있는 하나님의 긍휼을 찾는 것은 어려운 일이 아니다. 왜 심판하느냐고 물어볼 수도 있겠지. 너무 하나님 편에서 성경을 읽는 것이 아니냐고.

그렇지만, 나의 실존이 이러한 어둠을 고스란히 상징한다. 원죄이건, 환경 때문이건, 고난 때문이건. 인간에게는 끊이지 않는 어둠의 유인들이 존재한다. 어둠의 깊이는 깊다. 그 심연은 끝 모를 나락이다. 인간 안으로 철저히 파고들 때 그 어둠을 느낀다.

그렇기에 이스라엘의 어둠을 걷어주시겠다는 하나님의 약속은 생명수와 같다. 이 약속을 붙잡고 싶다. 이 약속의 끝은 정결이다. 어둠과 고난의 길을 다 걷고 나면, 하나님께서 우리 안의 모든 우상을 제하고, 정결케 하신다는 것이다. 눈물을 다 씻기시고 난 후에는 주의 정결한 신부로서. 그분 앞에 서리라.

에스겔의 부르짖음에 응답하셨던 주여. 당신의 구원을 갈망하나이다. 응답하소서.

| 자기실현적 예언 |

그가 내게 이르시되 이스라엘과 유다 족속의 죄악이 심히 중하여 그 땅에 피가 가득하며 그 성읍에 불법이 찼나니 이는 그들이 이르기를 여호와께서 이 땅을 버리셨으며 여호와께서 보지 아니하신다 함이라 그러므로 내가 그들을 불쌍히 여기지 아니하며 긍휼을 베풀지 아니하고 그들의 행위대로 그들의 머리에 갚으리라 하시더라 (에스겔 9:9-10)

에스겔 9장은 에스겔이 하나님께서 이스라엘을 잔인하게 멸망시키는 환상을 보는 장면이다.

이스라엘에서 행하는 가증한 일로 인해서 탄식해서 우는 자의 머리에 표를 하라! 즉, 이스라엘의 우상숭배, 불법이 자행되는 것을 가슴 아파하는 이들의 이마에 표를 하라는 것이다.

그리고 나서는 심판이 시작되는데, 이마에 표를 한 이들을 제외하고는 전부 죽임을 당한다. 에스겔이 이 장면을 보며 이스라엘의 남은 자를 모두 멸하실 것이냐며 목놓아 부르짖는다. 그때 그는 홀로 있었다고 성경은 기록한다. 이마에 표가 있어 함께 부르짖을 사람이 그렇게나 많지 않다는 것이다.

하나님께서 찾으시는 의인은 그때나 지금이나 그리 많지 않은 걸까. 가슴이 아픈 부분이다. 시대를 품는 그리스도인으로 살기 원하지만, 이 시대의 불법, 아니, 내 안의 불법을 용인하며 타협하며 살기가 얼마나 쉬운지.

그렇기에 말씀을 말씀 그대로 살고자 했던 선배들의 불꽃 같은 삶에 눈물이 흐르는 것이다. 깊이 기도해야 할 부분이다. 악마의 맷돌처럼, 인격을 상실시켜 버리며 조직의 부속품을 만드는 무서운 현대의 자본주의, 관료주의 앞에서 인격을 지켜가고, 양심을 풍그로이 하며, 정의를 고민한다는 것은 정말 쉬운 일은 아니다.

에스겔은 울었다. 아버지여. 정녕 이 도성을 깡그리 멸하시고자 하시나이까. 지금 하나님의 이 예언을 보고 있는 에스겔을 난 소설에서 본 적이 있다.

<내 잔이 넘치나이다>라는 아름다운 실화 소설에는, 주인공 맹의순이 우리 민족의 도륙과 상잔의 예언적 환상을 본 후 안타까움을 주체치 못하고, 자기 교회의 청년부를 동원해서 서울 곳곳을 돌며 꽹과리를 치며 매주 예수를 다급하게 전하는 모습이 있다. 많은 교인조차 맹의순이 미쳤다고, 순진한 청년들을 선동해서 이상하게 예수를 전한다고 모함을 하지만, 정작 민족을 품은 이는 누구였던가. 그 환상은 6.25로 실현되었고, 그도 끝내 포로 생활 가운데 생을 마쳤다.

하나님께서 왜 이스라엘을 벌하시는가에 놀라운 메시지가 담겨있는데 그것은 하나님의 심판이 바로 그들 스스로 한 말 때문이라는 것이다. 아버지께서 그들에게 죄라 지적하시는 부분이 바로, 이는 여호와께서 그 땅을 버리고 돌아보지 아니하신다라고 이스라엘 백성들이 말했기 때문이라는 것이다.

하나님께서 우리를 버리셨다는 이 믿음 아닌 믿음. 크리스천의 생 가운데도 이런 순간들이 얼마나 많이 찾아오는가. 정말 내 모든 노력은 끝이 났고, 다시는 회복되지 못하고, 돌이킬 수 없을 것 같은 수많은 일이 있다. 이럴 때 쉽게 내뱉는 탄식 아, 하나님이 나를 버리셨나 봐. 그렇지만, 하나님은 나를 버리신 적이 없다. 하나님은 전심으로 그분을 찾는 이들을 버리지 않으실 것이다. 이것이 믿음이다.

그런데, 하나님이 선택한 바로 그 민족이, 하나님은 자신을 버렸다고 공공연히 말하고 다녔다는 것이다. 이것이 그들의 불법의 시작이요, 자기실현적 예언이다. 내 삶에 하나님이 이 부분 만큼은 돌아보지 않고 계신다는 부분이 있을까. 삶의 수많은 부분에서 하나님의 채우심은 놀랍다. 그리고, 설령 내가 원하는 대로 채워지지 않더라도 하나님의 관심이나, 주목하심이 없는 것이 아니다!!

그런데, 인간은 늘 복과 은혜를 동일시한다. 무서운 그릇된 인도함이다. 때로 우리는 복을 받지 않더라도, 하나님의 여전한 은혜 가운데 존재하는 것이다. 우리의 마음대로 되지 않더라도, 하나님의 충만한 주목하심 가운데 존재하는 것이다. 그것이 이스라엘의 운명이었고, 나의 운명이다. 기복신앙은 복과 은혜를 일치시킴으로써, 복을 받지 못하는 수많은 이들은 하나님의 징계 가운데 있거나, 은혜 안에 있지 않다는 생각들을 일으킬 수 있다. 그리고, 많은 이들에게 기도란 복을 비는 것으로 생각하게 한다. 그러나. 그렇지 않다.

돌아보게 된다. 내 삶에 하나님이 없는 것처럼 행하는 부분이 있던가. 어떠한 부분일까. 하나님의 주권을 포기하고, 마치 내가 주인인 것처럼 행세하는 부분은 어떤 부분인가.

무의식적 무신론 성향.

네가 의지하고 있는 그는 사실은 없다. 있어도 너 따위에는 관심도 없다는 어둠의 목소리. 그렇지만, 바로 그가 너를 위해 십자가를 지셨다. 누가 너를 위해 죽을 수 있는가. 그리고, 영광의 능력으로 사망이라는 어둠의 권세를 뚫었다. 죽음도 이기신 분이기에 네 사방의 우겨쌈을 이겨내실 수 있다. 끝까지 그를 놓지 마라. 그는 결코 너를 버리지 않는다.

난 역설적이게도 에스겔 9장에서 아버지의 이러한 음성을 듣는다. 멸망을 보여주시는 아버지의 마음은 멸망시키겠다는 의지보다는 이런 끔찍한 멸망을 피하라는 서릿발 같은 권면이 아니겠는가.

주님.

이제 새로운 시작이네요. 사람에게 잊히고, 버려지는 것을 두려워하지 않게 하소서. 당신께 각인된 존재라는 것을 늘 되새기게 하소서. 소성시켜 주소서.

삶의 편린들

삶의 구비구비에서 만나는
믿음의 동지들.
그리고, 삶의 언저리에서
나를 만나주신 하나님.

| 양화진 |

도전과 안정을 동시에 얻고자 하면 찾는 곳이 양화진이다. 이미 치열한 생을 사시고, 그 나라로 들어가신 여러 선배의 불꽃같은 인생의 마감이 양화진에 고스란히 담겨있다.

3년만에 찾은 양화진은 한결 정갈하게 정돈이 되어있어 보기가 좋았다. 위치를 알리는 표지판도 훨씬 세련되어졌고, 허름했던 입구도 근사하게 지어져 있었다.

묘비에 박힌 두 성경 구절이 벼락같이 머리를 치고 지나간다.

"너희는 그 은혜에 의하여 믿음으로 말미암아 구원을 받았으니 이것은 너희에게서 난 것이 아니요 하나님의 선물이라"(에베소서 2:8)
"그가 우리를 흑암의 권세에서 건져내사 그의 사랑의 아들의 나라로 옮기셨으니"(골로새서 1:13)

이 두 구절은 어떠한 육성의 설교보다도 더 숭고하고, 깊은 울림을 던져주었다. 눈을 감고 이 구절을 묵상하자니, 한없는 복음의 은혜와 능력이 전달되어 오는 듯하다. 그리고, 그 능력과 은혜를 따라 이곳까지 흘러와 인생을 바친 그들의 헌신에 가슴이 먹먹해 왔다.

몇몇 묘비명 옆에 잘 정리된 설명들이 있었다. 전에는 못 보던 것들이다. 구역별로 묘비들이 정리되어 있었다. 역시 예전에는 못 보던 것들이다.

잘 정리되고, 찾는 이들의 발길이 많아지는 것 같아 보기가 좋았다.

언제 양화진의 묘비들을 설명해 놓은 책을 하나 사서 깊이 들여다보고 싶다.

양화진에서 어렴풋이 보이는 한강 변의 아파트. 눈부시게 진화해가는 주변의 환경 가운데서 더욱 사람들에게 인생의 근본이 무엇인지, 믿음의 실체가 무엇인지를 깊이 생각하게 해주는 공간으로 이곳이 더욱 깊은 의미를 가지면 좋겠다. 이 묘지공원에서 여전히 눈부신 것은 이들을 기억하는 사람들이 남기고 간 마음의 흔적이다.

공원을 한 바퀴 돌면 다시 입구로 돌아와서 잠시 숨을 가눈다. 압축되어 전해지는 숭고한 헌신의 메시지들은 그냥 휙 이 공원을 떠날 수 없게 만들기 때문이다. 잠시 내가 사는 시간과 공간은 어떠한 의미가 있으며, 앞으로 어떻게 수를 놓아가야 할지를 되돌아보는 것은 귀하다.

양화진을 나와 절두산 공원으로 향했다. 절두산 공원은 양화진 바로 옆에 붙어있다. 절두산 공원에 가면 제일 처음 맞이해주는 예수상을 나는 좋아한다. 군더더기 없는 이 아름답고 귀여운 조각상을 보고 있으면 왠지 마음이 순수해지고 해맑아지는 것 같다. 손의 상처를 보이시는 주님. 그 얼굴이 어찌 그리 맑으신가. 나 부활했어, 이제 걱정하지 마! 사망 권세 이제 다 꺾였거든! 이 싸움 다 이긴 거야! 하시는 것 같다.

절두산 공원은 가톨릭 성지이다. 순교. 목숨을 내놓는다는 것은 그것이 무엇을 위해서건 간에 결코 쉬운 일이 아니다. 그래서일까. 난 그분들의 삶이 한없이 존경스러우면서도, 두렵기도 하다.

절두산에는 10단계로 된 예수 고난 체험의 길이 있다. 그 길을 따라 돌며 몸소 예수의 고난을 나의 몸에 체험하는 것이다. 예수가 받은 고난을 몸소 체험한다는 것은 무엇을 의미하는 것일까. 인류의 죄, 나의 죄가 그렇게 무거웠다는 것을 깨달으라는 말이겠지. 예수의 경건에 조금 더 다가가려는 그 고뇌가 느껴진다

주여.

인도하소서.

보잘것없는 질그릇과 같은 이 몸이나, 필요한 곳에 쓰시도록 준비되게
하소서.

| 선셋 감상기 |

2008년, 샌디에고, 미국 서부 캘리포니아의 가장 낮은 곳에 있는 도시. 서부의 서쪽 끝에 있는 덕분에 선셋의 아름다움이 너무나도 아름답게 포착되는 곳.

선셋은 하나님께서 해를 내리시는 장엄하고도 아름다운 섭리의 장면이다. 선셋을 보고 있으면 하나님께서 창조하신 이토록 아름다운 자연의 한쪽에 내가 살아서 숨 쉬고 있음을 느끼게 된다. 선셋은 오늘도 우리를 부여잡고 있는 신의 놀라운 신실함을, 이 세계를 향한 그분의 뜻이 얼마나 아름다운지를 깨닫게 하는 살아있는 말씀이다.

나는 선셋을 보기 위해 좋은 장소를 찾아야 했다. 그래서 찾게 된 첫 번째 장소는 Great Hall 옆의 2층 옥상이다. Pangea 주차장을 마주 보고 있는 그곳은 선셋을 보기에 좋은 장소이다. 그렇지만, 선셋을 볼 수 있을 뿐 다른 부가적인 활동을 할 수가 없다. 예컨대 앉아서 커피를 마시며 여유를 부릴 수 있는 의자 같은 것이 없다.

그래서, 찾게 된 곳이 oceanview terrace이다. Oceanview에는 식당 바깥에서 먹을 수 있는 테라스가 있다. 그곳이 선셋을 즐기기는 딱 맞다. 요즘은 날씨가 쌀쌀해서 그 시간에 밖에서 먹는 학생들이 거의 없기에 오늘도 혼자서 청승을 떨었다.

어제의 선셋은 그야말로 감동 그 자체였다. 보고 있노라니 그 황홀함에 머릿속이 몽롱해지면서, 걱정이 모두 날아가는 자연 환각 현상을 겪을 정도였다. 구름이 끼어있었는데, 선셋의 주황빛이 구름에 반사되어 부서지며 푸르름을 그때껏 간직하고 있던 하늘빛과 어울렸다.

오늘은 어제보다 구름이 더 끼어있어서 장엄하지는 않았지만, 마치 신이 눈을 게슴츠레 뜨고 있는 듯한 느낌의 선셋이었다. 선셋은 지평선을 위시하는 선의 개념이며, 색감이 퍼져가는 면의 개념이다.

오늘의 선셋은 구름 가운데 난 구름구멍들에서 빛이 퍼져가는 점의 개념의 선셋이었다. 짙은 먹구름 가운데서 간간히 피어오르는 주황의 빛은 우리의 삶이 어떠한 고난으로 넘치더라도, 그 뒤에는 찬연히 피어오르는 하나님의 은혜가 존재한다는 것을 그토록 절실히 보여주고 있다.

| 기 도 |

순복음교회 제2성전에 잠시 들렀다. 기도 노트도 하나 장만했기에, 이제 기도하며 제목들을 적어가려 하는데, 막상 불빛이 어둡다. 정든 기도처. 파란 십자가. 낮에는 수많은 사람이 빽빽이도 차건만, 밤에는 그토록 차분하다. 성전을 열어주는 것이 얼마나 고마운지 모른다.

순복음교회의 기도 시간은 귀하다. 지푸라기 하나라도 잡고 싶은 심정을 가진 이들의 심정을 이해할 수 있다. 지금의 나도 그러하니까. 예수 당시 그를 따랐던 이들도 그러했을 테니까. 이념도 사상도 사치스러운 것이다. 38년 된 병 앞에는, 군대라는 귀신 앞에는. 우울증 앞에는, 파산 앞에는. 그 앞에서 예수의 능력을 선포하고, 복음으로 사단의 권세가 깨졌음을 선포하고, 마귀의 권세가 쫓겨감을 선포하는 설교는 '순복음'이다.

하목사님의 만져주시고, 위로하시며 싸매어주시는 하나님의 세밀한 음성과는 또다른, 마음이 가난한 이들에게, 목마른 이들에게 예수의 생명수를 전하는 메시지 같다.

예수께서는 당신께 다가온 이들을 어떻게 대하셨을까. 더는 어쩔 수 없어서, 의지할 것이 없어서, 그래도 살고 싶어서 당신께 나온 수많은 영혼. 예수는 그들을 어떻게 만지셨고, 어떠한 메시지를 전해주셨던 것일까. 다시금 예수를 만나고 싶어진다. 그때 그 시절의 그분을. 산상수훈을 다시 읽고 싶어진다. 오병이어가 그리워진다. 그리고, 예수를 만났던 많은 이들의 소망의 소리가 그리워진다.

그 대열 가운데. 내 모습도 보인다. 바리새인으로 자기 의에 충만한 모습이 아니라, 내 힘으로는 아무것도 할 수 없어서, 진리에 목이 말라서 그

139

분을 따라가는 내 모습이 보인다.

이 가난한 심령을 그분은 만져주실 것이다. 새 일을 시작하실 것이다. 새 마음을 주실 것이다.

조각조각 펼쳐진 생각들이 결국 예수께로 맞춰진다. 진정한 믿음이라는 것은 무엇인지, 삶 가운데 펼쳐지는 믿음은 어떠한 것인지.

주님. 제게 믿음을 주소서. 진동치 않을 당신의 나라를 사모하는, 보이지 않는 것의 실상이라 하는 그 믿음을.

| 죽어야 사는 삶 |

분주한 부활절을 보내면서 자신을 돌아본다. 나 자신이 죽어야 한다는 것을, 부활은 죽지 않으면 오지 않는다는 것을 생각한다. 알량한 자존심을 죽이고, 내 지식을 배설물로 여기고, 아비의 심정으로 섬겨야 한다.

부활에 참여하기 위해서는 철저한 자기 부인을 거쳐야 한다는 것이 요즘 내게 자꾸 드는 생각이다. 날 좀 알아달라고 드높게 외치는 내면의 목소리를 죽여야 한다. 죽어야 산다. 세례를 받으므로, 예수와 함께 장사 되었고, 다시 삶을 믿음으로 일으킴을 받았다.

주님. 당신의 부활에 참여하고 싶습니다. 그러기 위해서는 당신의 고난의 길에도 참여해야겠지요. 사도 바울의 교회를 향한 애절한 마음의 발꿈치라도 따라야겠지요. 행동의 근거가 나를 내세우기 위함이 아니라, 당신의 뜻을 좇기 위함이어야겠지요. 아무도 인정치 않더라도 당신께서 알아주시면 되겠지요.

영에 속한 싸움임을 고백합니다. 인간이 쉽게 바뀔 수 없음을. 인간의 변화는 궁극적으로 당신을 만나야 가능하다는 것을.

철저하게 자기만을 향해 살아가는 존재의 이기성이야말로 뼛속까지 뿌리 깊은 죄의 근성임을. 그렇지만, 이것을 극복하는 것이 너무 힘들고, 인간의 힘으로 가능하지 않음을 인정합니다.

인도하소서. 이제 당신의 능력으로 어둠의 세력을 초토화해 주소서.

빛의 나라가 임하매 어둠이 물러가게 하소서. 사람을 살리는 영의 능력이 그리스도 예수 이름 안에 있음을 선포합니다.

| 위로의 기도 |

지난주 우리 교회에는 거룩한 소동이 있었다. 우리 교회에 3일간 하나님의 사랑에 대해 강의를 해주신 예수전도단 간사님께서 교회 성도들에게 위로의 기도를 해주신 것이다. 간사님은 모든 공식강의를 마치신 후에 기도를 받고자 하시는 분은 남아도 좋다고 하셨다. 그리고 이것은 예언 기도가 아니라고 하시며 다만 하나님께서 보여주시는 것을 말하고 위로와 격려를 하는 것이라고 말씀하셨다. 그리고 우리 담임목사님께서 옆에 계셔서 분별해 주시라고 부탁하시며 공개적이고 겸손하게 기도를 해주셨다.

반응이 놀라웠다. 우선 강의에 참석한 대부분의 성도가 2시간가량을 기다리며 기도를 받고자 줄을 서셨다. 그리고 간사님께서 생전 처음 보는 청년에게 야구로 유명한 이곳에서 축구공을 차는 모습이 보인다고 하심으로서 이 친구의 재능(실제로 축구선수)을 그대로 말씀하시고, 처음 보는 집사님의 직업이 가방판매임을 맞춰내시니 성도들이 완전히 놀랐다. 뒤이어 선포되는 위로와 기도는 영적인 신비의 영역이 존재한다는 것을 모든 성도가 절절히 체험하는 귀한 기회가 되었다. 다들 기도를 받은 후에도 다른 이들에게 어떻게 기도하시는지 궁금해 떠나지를 않으셨다.

나와 아내도 기도를 받고 위로를 체험했다. 특히, 아내는 기도의 여인, 좋은 아내요 남편의 든든한 후원자라는 놀라운 칭찬을 받음으로써 이제 나는 더는 아내에게 더욱 잘하라는 짜증과 불만을 낼 수 없게 되었다.

나도 하나님께서 진리의 영역이 아닌 내가 일하고 있는 사실의 영역에서 영광을 받고자 하신다는 말씀을 통해 간간히 들었던 교만했던 딴생각을 접게 된다.

나에게 이러한 기도의 경험은 두 번째다. 그래서 온 성도들이 놀라고 신기해하는 분위기에서도 나름 약간의 정서적 거리를 두고 차분히 관찰을 해보고자 했다.

다양한 생각이 든다. 첫째, 영적이고 신비한 영역은 존재한다는 것이다. 예언, 방언 등 성경이 말하는 모든 은사는 지금도 나타나고 있다. 종종 신비, 기적은 완고하고 눈에 보여야만 믿는 우리의 사고체계에 지진을 일으키며 신의 존재를 일깨워주기도 한다. 문제는 약발이 그리 길게 가지 않는다는 것이다. 성경에 적나라하게 나오듯 기적을 체험하는 것이 믿음의 성숙으로 이어지는 것이 오히려 예외적이다.

둘째, 하나님께서 우리에게 주시고자 하는 메시지이다. 나는 두 번 다 기도로 나아가면서 두려움에 사로잡혔었다. 하나님께서 나의 은밀한 죄, 추악한 마음을 드러내시면 어쩌지라는 생각. 빛이 가까울수록 드러날 수밖에 없는 어두움. 잠시라도 이렇게 하나님 앞의 나를 생생히 체험하는 것은 깊은 유익이다. 그리고 이러한 두려움에 사로잡힌 나임에도 불구하고 메시지는 오히려 사랑, 위로, 격려이다. 예수 그리스도 안에 있는 나를 하나님께서 어떻게 보시는지 깨닫게 된다. 나는 여전히 하나님을 많이 오해하고 있으며, 자유롭지 못하고 있다.

셋째, 하나님의 메시지의 선포는 공동체의 축제였다. 나의 죄는 가려졌고, 하나님께서 보여주시는 그림은 소망이었다. 우리를 다시 뛰어가게 하시는 귀한 위로였다. 작은 교회, 서로를 잘 아시는 집사님들이 공개적으로 선포된 기도를 다 같이 듣고 함께 기뻐하고 눈물을 흘린 시간이었다. 성령의 역사가 이토록 공동체적으로 임하실 수 있다는 것이 신선하고 감사했다.

넷째, 이 기도들은 출발점이며 잘 분별하고 이의 성취를 위해서 더욱 노력하라는 격려이지 우리가 손 놓고 있어도 저절로 이루어주신다는 백지수표가 아님을 어떤 분께서 주의를 시키셨는데 깊이 와닿는다.

마지막으로, 유념할 것은 기도를 해주시는 사람이 아니라 그분을 통해, 그분 너머에서 말씀하시는 하나님을 바라보아야 한다는 것이다. 메시지만을 간직할 것이지 기도를 해주신 사람을 과도하게 의존하는 것은 지양해야 할 것이다. 메시지를 주시는 분이 하나님이라면 그분은 우리를 향해 비단 신비의 체험을 통해서만이 아니라 오히려 평범한 일상 가운데서 충만히 당신의 뜻을 알려주시리라.

| 하나님의 방법 |

어제 우리 집에 귀한 손님이 하룻밤을 묵고 갔다. 아이티에서 사역하고 계신 주디 목사님이다. 이름이 여성스러우나 어엿한 남성이시다. 진정으로 놀라운 것은 한국어를 유창히 하시고 한국의 아세아신학대학원에 신학 공부를 위해 한국으로 들어가려 하신다는 것이다.

요즘은 TV에 한국어를 유창하게 하는 외국인도 드물지 않게 나온다지만 아이티와 같은 최빈국에서 이렇게 한국어를 술술 구사하고 한국선교팀을 위해 통역할 수 있는 분이 있으리라고는 솔직히 상상도 못 했다.

대화를 나누면서 이분이 아이티에 가지는 비전이 깊이 와닿았다. 아이티에 많은 목사님이 계시지만 정작 제대로 된 신학교육을 못 받았고 말씀을 온전히 전하지 못하고 있다. 목사님들만 제대로 선다면 아이티의 성도들도 바로 설 수 있을 것이다. 이를 위해 한국에서 신학을 공부하고 싶다는 그 마음이 정말 깊이 있게 전해져왔다.

어떻게 한국어를 배웠느냐 물어보니 백삼숙 선교사님께서 아이티에서 사역하시며 관심을 보인 12명에게 한국어를 가르치기 시작했는데 거의 다 포기하고 자신과 누나만이 마지막까지 배웠다고 했다. 지금은 많은 청년이 배우고 있다고.

사실 이분은 이쪽 선교사님들과 오래전부터 사역하고 계셔서 새삼 놀라울 것도 없는데 처음 알게 된 나만 호들갑이다. 하나님은 놀라운 방법으로 일하신다는 것을 깨닫는다. 우리가 보기에는 최악의 조건인데도 그 상황 속에서 놀라운 열매들이 익어가고 있음을 본다. 오히려 우리가 보기에 풍요로워 보이는 데서는 썩은 악취가 풍기는데 말이다.

이 시대.

하나님께서 새로운 방법으로 일하실 것을 믿게 된다.

| 새 사람 |

옛 사람과 그 행위를 벗어 버리고 새 사람을 입었으니 이는 자기를 창조하신 이의 형상을 따라 지식에까지 새롭게 하심을 입은 자니라 (골 3:9~10)

오늘은 종일 뭔가에 사로잡힌 듯이 안정을 찾지를 못하겠다. 오전에 차 사고가 나서 그랬던가 보다. 가볍지는 않은 접촉사고가 오전에 있었다. 지금도 부딪히는 순간의 그 촉감과 깨어지는 소리가 생생하다.

저번 사고와 마찬가지로 이번 사고까지 두 번 다 내 잘못이었다는 것이 하염없이 나 자신을 주눅 들게 만든다. 덕분에 최소한 운전에서는 교만이라는 단어가 도저히 자리를 잡을 수 없게 되었다.

잘못을 하고 나면 죄인들의 심정을 느낄 수 있게 된다. 내가 느끼는, 잘못을 깨달은 죄인의 심정이란 피해자들께 한없이 죄송하고, 자신을 용서하기가 어렵게 된다는 것이다. 어쩔 수 없었던 상황에서 지은 죄라 할지라도, 죄는 확실히 하나님과 인간과의 관계를 단절시킴과 동시에 인간이 자기 자신을 온전히 용납하고 받아들이는 것을 어렵게 하고, 자신과의 관계조차 단절시키는 측면이 있음을 간접적으로나마 깨닫는다.

죄를 지은 자신과, 자신이 생각하는 완전한 자신과의 단절.

사람은 누구나 깨끗하고, 정결한 자신을, 흠이 없고, 완전한 인생을 갖고 싶은 소망을 가진 것 같다. 그런데, 어느새 자신의 인생은 하나둘씩 실수로 오점과 얼룩이 생기게 된다. 젊었을 때 품었던 청운의 꿈들은 나이가 들면서 하나둘씩 접혀 가고, 우리네 인생이라는 것이 늘상 그렇고, 그렇게 살아가게 되는 것이다.

왜 여기까지 왔을까. 어디서부터 잘못된 것일까. 과연 돌이킬 수 없는 것일까. 적어도 자신을 죄인이라 느끼는 사람들은 이러한 뼛속 깊은 회한을 느껴본 적이 있으리라 생각이 된다. 엄청나게 깊은 수렁에 빠져서 나올 수 없는 암담함. 가족으로부터도, 친척으로부터도 단절된, 사회로부터도 환영받지 못하는 외로움.

주님은 이런 이들에게 말씀하셨다. 새 사람을 입으라고. 예수를 믿으면, 그대들의 인생은 다시 시작할 수 있다고.

새 사람. 예수를 믿음으로 입게 되는 새 사람. 내게 그것은 인생을 다시 시작할 수 있다는 신호로 들린다. 지금 예수를 만나면, 내 인생을 다시 시작할 수 있다. 내가 예수를 만나고 거듭났다는 것은 영으로 거듭났을 뿐아니라, 다시 한번 인생을 처음부터 살아갈 수 있다는 얘기로 들린다. 하늘아버지가 우리의 모든 것을 다 용서하시고, 받아주신다고 하지 않는가.

그래서, 나 자신과도 화해를 해야 하는 것이다. 늘상, 실수투성이이고, 뭐 하나 제대로 하는 것이 없는 나이지만, 예수 안에서 모든 것을 용납 받았기에, 하나님이 나를 받아주셨기에, 이제 나도 나를 있는 모습 그대로 받아들일 수 있다.

새 사람은, 새 삶은 역동적이라고 한다. 하나님의 형상을 따라 끊임없이 새로워져서 참지식을 가지게 된다고 한다. 이 얼마나 소망을 주는 말인가.

내게는 이것이 마치 창조주의 에너지를 흡입함으로써, 우리가 계속 그분과 닮아가게 된다는 것으로 이해가 된다. 새로워짐의 원동력이 그분의 한없이 공급되는 은혜와 성령의 도우심이라는 것이다.

오늘 하루 참 나 자신이 한심스러웠고, 밉상스러웠다. 그런데, 역시 본의 아니게 묵상내용이 이렇게 흘러가게 되는구나. 덕분에 많은 위로가 된 것 같다.

주님.

하나님과 제 자신과 화목하기를 원합니다. 옛사람을 벗어버리고, 새 사람을 입기를 원합니다.

주께서 주시는 놀라운 은혜의 바다를 헤엄치기를 원합니다.

인도해주세요!

| 관계 |

하나님과의 관계는 일차적으로 양자적이다. 즉, 그분과 나의 둘만의 인격적 관계인 것이다. 그분의 모든 초점은 내게 와있고, 나의 경배의 대상은 그분뿐인 것이다. 나의 경배의 이유에 다른 것이 포함될 필요도 없고, 그분의 시각이 타인에게도 머물고 있다는 것으로 인해 나의 시선이 교란될 이유도 없다.

이 인격적인 관계를 놓치기가 쉽다. 하나님을 도구화하는 오류는 물론이거니와, 자신을 하나님의 도구화하는 오류에도 쉽게 빠지곤 한다.

하나님은 인격적이신 분이다. 이는 창조주로서 그분의 극상의 피조물과 소통하고자 하시는 목적을 의미하는 것이다. 인격적이라는 의미는 곧 서로 소통하는 것을 의미하기 때문이다. 하나님은 그분의 나라를 위해 우리를 사용하고자 하시지만, 또한, 그분의 즐거움을 위해, 그리고 우리의 성장을 위해 우리와 소통하길 원하신다.

자꾸 소명을 일로서만 이해하려 하므로 마르다의 오류를 범하게 된다. 소명을 통해 그분의 나라가 확장되겠지만, 그분의 나라는 궁극적으로 내 내면에서 시작된다는 것을 언제까지 깨닫지 못하고 있을지.

내 내면을 그분의 사랑과 뜻에 오픈하고, 적셔가는 것. 이것이 포도나무가 가지에 붙어있는 것이요, 그분의 나라가 확장되는 것이요, 소명을 감당할 수 있는 원동력이 되는 것이다. 이것이 최우선순위이다. 하지만 자꾸 시선이 교란된다.

주님. 균형을 회복하게 하소서. 내면을 회복시켜주소서. 인내를 온전히 이루게 하소서. 새해에도 새 일을 행하실 당신을 바라봅니다.

| 은혜 |

시온샘은 우리 교회의 아직 아이가 없는 신혼부부들의 성경공부 모임이다. 근 1년간 고린도전서를 나누고 있다. 파리의 토론문화를 존중하여 어떠한 교제도 없이 성경만을 붙잡고 서로의 생각을 격의 없이 나눈다.

어제도 고린도서에 대해 많은 나눔이 있었다. 난 그 가운데서 참 귀한 생각의 단초를 얻었다. 그것은 은혜이다.

신앙 생활에 내가 가진 문제의식은 복음과 행함의 단절이었다. 비난받는 한국 교회가 근본적으로 회복되어야 할 부분은 행함으로 그 믿음을 보이라는 야고보의 가르침이 아니겠냐는 것이다.

예수의 가르침을 삶에 적용하고, 궁극적으로 예수를 믿는 것에서 예수를 사는 것으로 가야 하지 않는가이다. 요즘은 그런 차원에서 성경이 말하고 있는 삶의 자세와 관계에 대한 언급에 많은 주목을 하게 된다.

나눔 가운데서 깨달은 것은 우리의 행함의 원동력이 바로 은혜의 기반에 있다는 것이다.

내가 내적으로 그분의 은혜에 충만히 젖어 있지 않으면 나는 결국 형제와의 다툼에서 양보할 수도 없을 것이요, 음행의 유혹을 이기지도 못하리라. 설령 겉으로는 이기고 있는 것처럼 보일지라도 속으로 나는 과연 자유로울 수 있는가. 그런 점에서 나에게 복음이 회복되어야 한다는 것은 지극히 타당하다. 그분의 은혜에 젖어야 한다. 그분과의 교제가 회복되어야 한다.

난 기독교인이 어떻게 행하여야 하는지에 대해 설교하는 바울을 주목한다. 그는 참 조심스럽다. 결국 또 다른 율법이 되지 않게 하려고 복음의 의미를 먼저 충분히 강조하고, 은혜 가운데서 새 사람을 입으라고 권고하고 있다.

결국, 내가 하나님께 예수의 십자가로 사신 바 된 존재라는 것, 그의 사랑이 끝까지 나를 쫓아와서 결국 나를 사로잡았다는 것, 이 사랑이 나를 일으킨다는 것이 바른 행함의 원동력이다.

균형이 필요하다. 어느 것 하나만 강조해도 율법이 되거나, 방종이 된다. 바울의 서신서를 다시 한번 깊이 묵상해 나가고 싶다. 어떻게 교회들을 균형 잡힌 신앙으로 세우기 위해서 설교하는지 말이다.

| 10년간의 숙제 |

2009년 결혼 이후 지난 10년간 지속되었던 우리 부부의 숙제가 지난주 토요일 끝났다. 멕시코로 부임하는 8월까지 최선을 다해보기로 한 시험관 시술. 한국에 들어온 지 5년. 10차례의 시술. 그간 불러왔던 이름인 미쁨, 기쁨, 예쁨은 이제 실존하지 못할 것이다. 아내는 최종결과가 나온 토요일을 그럭저럭 버티었으나, 주일 오전에 무너져 내렸다.

나를 돌아본다. 너는 진정 생명을 원했는가. 간절히 기도했는가. 그렇지만, 이 질문은 유독 내게 가혹하다. 아버지가 될 충분한 준비가 되기 전에 아버지가 되는 경우가 얼마나 많은가. 왜 유독 나만, 우리 가족만 모든 것이 준비되어야 하고, 간절히 원해야만 겨우 이루어질 수 있는가. 이루어지지 못한 것은 결국 믿음의 부족, 정성의 부족 때문일까.

아내가 가엽다. 그녀를 보고 있으면 가슴이 아린다. 나를 사랑해 준 사람. 이제 그 사랑을 다른 생명을 기르면서 더 넓게 깊게 키우고, 닦으며 살고자 그렇게 기도하고 소원했었는데. 그녀의 마음은 이미 엄마가 되기에 충분한 애정으로 넘쳐 있었는데. 엄마가 되고 싶은 마음이 얼마나 절절했는데.

미쁨, 기쁨, 예쁨. 너희들을 정말 이 땅에서 보고 싶었단다.

잠시나마 아내 안에 머물러 주었던 너희들이 고맙구나. 짧지만 희망을 보게 해주어서 고맙고!

하나님, 모든 것을 합력하여 선을 이루실 당신을 신뢰합니다. 아내를 더 사랑하게 하소서. 이 힘든 시기를 잘 이기게 하소서. 이제 새로운 땅, 그곳에서 새롭게 보여주시는 길을 보게 하소서. 저희에게 주신 시간과 물질을 좀 더 지혜롭게 사용하게 하소서.

인도하소서.

| 아내의 믿음 |

아내는 모태신앙이다. 대학에 들어와서 예수님을 믿은 나와는 상당히 다른 신앙의 색을 지니고 있다. 아내는 대형 교회에서 제대로 제자훈련을 받았다. 장인어른은 목사님이시다. 그렇기에 아내의 믿음을 관찰하는 것은 내겐 상당히 흥미롭다. 내게 부부생활을 허락하신 하나님께 늘 감사하는데 그중 가장 큰 유익은 신실한 이를 바로 지척에 두고 볼 수 있다는 것이다.

내가 느낀 아내와 나의 가장 큰 차이는 아내의 믿음에는 가식이 없다는 것이다. 나는 머리가 굵은 뒤에 믿었고, 선교단체에서 훈련을 받은지라 왠지 모르게 믿음에 많은 불순물이 끼어있는 것 같다. 신앙을 머리로 하려는 경향도 강했다. 예를 들면, 나는 어떠한 주제이든지 성경을 놓고 따져보며 진위를 가려 보겠다는, 그래서 내 머리로 이해해야 따르겠다는 건방진 자세를 가지고 있었다. 신앙의 기본이라고 말하는 주일성수, 십일조 등에 대해서도 말이다. 그런데, 평생을 신앙 안에 있던 그녀에게 이것은 따져볼 대상이 아니라 하나님께서 하신 말씀이요, 면면히 지켜온 삶과 문화 그 자체였다. 그래서 신혼 때는 많이 다투기도 했다.

나는 때로는 성도를 의식해서 좀 더 거룩한 말, 또는 도전을 주는 말을 해야 한다는 의식을 하곤 한다. 그러나, 그녀는 그냥 자연스럽게 사람들과 어울리고 얘기하는 것만으로도 많은 이들에게 선한 영향력을 준다. 특히, 내가 부러운 부분은 사람에 대한 관심과 사랑이다. 장모님이 사역하시는 모습을 늘 보며 자란 아내는 사람들의 대소사를 너무나도 잘 기억하는 장점을 갖고 있다. 얼굴이 정말 순한 아내에게 많은 분이 쉽게 경계를 풀고 자기 안에 있는 얘기들을 술술 털어놓는다. 정신과 간호사였던 아내는 진심 어린 맞장구로 이들을 격려하고, 위로하는데 정말이지 탁월하다.

아내는 때로는 고통스러워하고, 힘겨워할 때도 그리스도 안에 있다. 하나님께서 기도를 들어주시지 않아 실망할 때조차, 그 실망도 하나님을 진정으로 의지하고 기대했기에 나오는 진실한 인격적인 반응인 것이다. 나처럼 하나님께 기도하면서도 반신반의, 적절히 한발만 걸치면 그럴 수도 있지 라는 반응이 나올 텐데 말이다. 그래서 언제부터인지 하나님 앞에 깊이 기도하고, 응답받고, 때로는 더딘 응답에 실망하기도 하는 쌍방향인 기도 생활이 사라졌음을 반성하게 된다.

그래서, 나는 아내를 보면서 늘 하나님을 인격적으로 믿는다는 것에 대해 생각해 본다. 우리의 삶 가운데 그분을 신뢰하고, 그분의 섭리에 인격적으로 반응하며 그분을 알아가는 것이 얼마나 미쁜 일인지 생각해 본다. 그리고, 그것을 하나님께서 얼마나 기뻐하실지, 이러한 하나님의 백성들을 얼마나 소중히 여기시는지를 생각하며 그렇게 되기를 기도한다.

| 어 머 니 |

어머니는 미용사이시다. 우리 가족이 대구로 내려왔을 무렵, 지금으로부터 30년이 훌쩍 넘어가던 시절부터 어머니는 미용실을 하셨다. 처녀이셨을때도 미용사이셨으니 어머니는 거의 평생을 미용사로 사신 것이다. 어머니는 칠순이 넘은 지금도 미용실을 하고 계시다. 이제 미용실 할 날도 얼마 남지 않으셨다고 거의 20년전의 가격을 받으시며 집에서 40분 버스를 타고 나가셔야 하는 미용실을 눈이오나 비가오나 여전히 지키고 계시다. 코로나19가 대구를 강타했던 때도 못내 단골손님들이 눈에 밟히셨던지 한두달은 쉬라는 아들의 만류에도 불구하고 며칠만에 다시 미용실을 나가시기도 했다.

어릴 적 학교가 끝나면 어머니 미용실 쇼파에서 숙제하고, 잡지를 읽다가 미용실이 문을 닫으면 어머니의 손을 잡고 집으로 가던 기억들이 새록새록 난다. 내 기억 속의 미용실도 꽤나 많다. 청궁 미용실, 만포장 미용실, 순영 미용실. 지금 하고 계신 미용실은 칼라 미용실이다. 내가 서울로 대학을 간 이후에 옮긴 칼라 미용실은 미용실과 우리 집이 붙어있었다. 종종 대구집에 내려가서 미용실 뒷 방에 있다보면 손님들이 사랑방처럼 모여서 얘기하는 소리가 들린다. 대구 특유의 걸쭉한 사투리들은 처음 들으면 마치 싸우는 것처럼 들리는데 사실은 아주 정겹게 이야기하는 것이다.

어머니의 별명은 새댁이다. 칠순을 넘기신 지금도 어찌나 얼굴이 순하시고, 구김이 없으신지. 물론 아들의 눈에만 그렇게 보이는 것인지 모르겠다. 하지만, 손님들도 대부분 인정하신다. 그만큼 세상을 맑게 사시고자 노력했고, 사람들에 대한 연민을 가지고 사셨다. 미용실이라는 곳이 사람이 많이 오고, 소문도 많은 곳이라 종종 어머니께서 사람에 대해 하시는 말씀들을 듣곤 했다. 그런데, 어머니가 누구를 험담하거나, 비난하는 것을 기억하지 못한다. 종종 어머니는 '사람이 그러면 안돼'라고 말씀하시고는 했는데 그것은 누군가를 향한 비난이 아니라, 내가 그렇게 하면 안된다는, 사람의 도리를 가르치시는 말이곤 했다. 어머니는 선하게 사는 것이 무엇인지를 보여주신 분이었고, 내게는 하나님의 사랑을 보여주신 분이다. 어머니를 생각하면 어떠한 상황에서도 끊어지지 않는 하나님의 사랑은 이렇겠구나 라고 느끼게 된다.

어머니는 원래 불교신자이셨는데 영적으로도 민감하셨던 것 같다. 종종 어르신들의 임종이 가까워오면 어머니는 꿈을 꾸시곤 했다. 여하튼, 어머니는 어느날 불교를 멀리하게 되셨다. 그런데, 그 이후부터 왠지 꿈자리가 사납고, 몸도 안좋으셔서 당시 무당집을 하셨던 우리 집주인에게 굿을 받으시기도 했던 것이 어렴풋이 기억에 남아있다. 이후로 어머니는 새로운 종교를 받아들이는 것을 매우 기피하셨던 것 같다.

그렇게 종교에 대해서 어려워하시던 어머니는 내가 고시공부로 힘겨워하던 때에 하나님을 믿기로 결정하시고 교회를 나가시게 되었다. 나이가 서른 가까이 되어서도 제대로 된 직장 없이 먼 타지에서 여러번 낙방의 쓰라림을 감내하며 결과 모를 고시공부를 하고 있는 것이 너무 안쓰러우셨던가 보다. 나는 어머니가 교회를 나가시기 시작했다는 소식을 듣고 정말 하나님이 살아계시구나 느끼며 찬양하며 감격했다. 그 당시는 어머니의 자식을 향한 이러한 마음을 깊이 헤아리지는 못한 것 같다. 어느 날 대구에 내려가서 어머니와 함께 어렸을 적에 미용실에 남아 어머니 일 끝나고 같이 집으로 갔듯이, 어머니의 손을 잡고 어머니가 출석하던 교회를 처음 가서 교인분들에게 인사를 드리고 같이 예배를 드렸다. 정말이지 형용하기 힘든 감격이었다.

어머니가 하나님께로 돌아오는데 자식에 대한 안타까움만이 있었던 것은 아니었다. 미용실 손님 중에 자식의 고시공부를 뒷바라지 해야하는 어머니의 어려운 처지를 알고 늘 머리를 깍으러 먼 길을 와주셨던 장로님도 계셨고, 정을 주셨던 많은 성도분들이 계셨다. 나중에 그 얘기들을 들으면서 정말이지 눈물이 나게 감사했다. 사랑과 배려가 사람을 살린다는 것을 다시 한번 실감하게 되었다.

어머니를 구원해주신 하나님께 깊이 감사한다. 아버지도 나와 어머니의 강권에 못이겨 교회를 몇차례 나가셨으나 아직 다니시지 않고 계신다. 늘 떠돌아다녀야 하는 직장인지라 이제는 연로하신 두분을 한국에 남겨두고 떠나 이역만리의 멕시코에 와있는 것이 늘 마음에 밟힌다. 특히, 아직 하나님을 받아들이지 못하는 아버지와 하나뿐인 동생이 그렇다.

주여. 저희 가족을 긍휼히 여겨주시고 구원하소서.

하늘가치 덧입기

새 사람을 입었으니
이는 자기를 창조하신 이의 형상을 따라
지식에까지 새롭게 하심을 입은 자니라

(골로새서 3:10)

| 복 |

신앙생활을 하면서 새로운 시각으로 보게 되는 단어들이 있는데 대표적인 것이 복이다.

나는 성경에서 복은 인간의 존재론적인 겸손을 의미한다고 읽었다. 타락 이후 물질적, 영적인 결핍 속에서 인간은 신이 주는 복을 겸손히, 그리고 묵묵히 바라고 의지할 수밖에 없다는 것이다. 아브라함이 복을 받기 위해서 순종한 것이 아니라 순종을 했더니 복을 받은 것이 아닌가. 아브라함과 이삭, 그리고 먼 훗날의 야곱이 그들의 부와 창성함을 자신의 힘으로 이룬 것이 아니라 하나님이 주신 복이라고 고백할 때 우리는 진실한 겸허함과 이웃에 대한 겸손함, 양보를 보게 되지 않는가.

복은 부의 주체가 인간이 아니며 우리는 순간순간 하나님을 의지하며 살아가야 하는 존재임을 깨닫게 하는 일종의 존재 포기와도 같다. 더욱이 성경은 복을 물질이라기보다는 시편 1편에서처럼 하나님의 뜻과 길을 기뻐하는 것, 이를 통해 하나님의 인정함을 받는 것이라고 말한다.

그런데 요즘 우리는 복을 받기 위해 부르짖어 구하고, 하나님은 당연히 복을 주시는 분이기에 복을 받지 못하는 이들은 뭔가 문제가 있는 것이 아닌가 하고 여기는 것 같다. 복을 받은 것이 하나님이 그의 믿음을 인정하신다는 증거처럼 여기는 것 같다.

우리는 하나님의 복을 겸손히 구하기보다는 마치 자녀의 권리인 것처럼 복의 근원이 되게 하겠다, 두드리면 열리리라는 약속을 붙잡고 부르짖는다. 우리의 욕망을 성경적 용어인 '복'에 투사하는 것이다. 그나마 우리의 물질적 추구에 있어 하나님을 생각한다는 데서 이러한 사고의 흐름을 인정해야 하는가? 이마저도 없으면 돈 버는 것, 즉 우리의 직장과 신앙은 완전 별개의 것이니까?

성경의 시각은 물질적 풍요를 하나님께서 주시는 복이라는 시각과 함께, 풍요를 추구하는 것은 우상숭배라는 시각이 공존한다. 어느쪽을 강조해야할까. 현실에 사는 우리는 균형 감각을 가져야한다.

결국 우리는 복 주시는 이가 하나님이심을 기억하고, '복'이 아니라 '하나님'에게 초점을 맞추는 훈련을 해야한다.

| 복에서 뜻으로 |

  기복신앙, 번영신학은 내가 좋은 믿음을 가지면 잘 될 거라고 한다. 이 말을 들으면 내면에서 깊은 거부감이 든다. 우선 성경의 진정한 메시지는 '나'의 잘됨에 있는 것 같지 않다. 오히려 성경은 그의 나라와 그의 의를 말한다. 시선과 관점의 전환이다. 내게로 향해 있던 시각과 의식을 그의 의와 나라로 향하도록 바꾸는 것이다. 나는 이것이 성화의 요체라 생각한다. 그런데 번영신학적 논리는 이 시각을 여전히 복을 받는 주체로서, 성공하는 주체로서 나에게로 잡아둔다. 나에게 머물러 있는 시각. 그것이 바로 죄성이다.

  예수 잘 믿으면 잘 된다는 메시지는 성도들에게 떡밥을 던져 교회를 나오거나 떠나가지 않게 하겠다는 조바심에서 나오는 게 아닐까. 물론 성도들에게 위로가 필요하다. 그러나 진정한 위로는 성공과 형통을 선언하는 것이 아니다. 결핍은 우리의 삶의 거부할 수 없는 제약이다. 그러나 잘 믿었을 때 이러한 결핍을 극복한다는 접근은 마치 신앙생활이 이것이 다라고 오해를 일으킬 수 있다. 열심히 봉사하고, 헌금하고, 제자화도 하며 소위 잘 믿었는데 잘 안 되고 있으면, 당면한 고난을 극복하기 위해 더 열심 있는 또는 확고한 믿음을 가져야 한다. 신앙이 하나님과 나 사이의 지극히 사적인 거래로 국한된다.

  번영신학의 무서운 점은 노골적으로 기복 일변도로 치우치지는 않으나 설교의 저변에 베이스로 깔려 있어 우리의 패러다임을 형성한다는 것이다. 결국, 사적 거래의 당사자인 나는 이 거래의 결과에 목을 매게 된다.

이제는 잘 믿는다는 것은 내가 죽는 것이라는 사실을 안다. 잘 믿는다는 것은 그분의 인도하심이 선하고, 모든 것이 합력하여 선을 이룰 것임을 믿음으로 고백하는 것임을 깨닫는다. 우리의 시선이 우리에게 내려질 복에 있는 것이 아니라, 그분이 이루실 뜻에 있어야 함을 깨닫는다.

다만, 앞날이 두려운 인간인지라 아브라함을 순적하게 인도하신 하나님께서 우리의 삶을 순적하게 인도하시기를 겸손하게 바라보게 된다.

주님. 발걸음을 인도하소서.

| 주님의 순종 |

내가 하늘에서 내려온 것은 내 뜻을 행하려 함이 아니요 나를 보내신 이의
뜻을 행하려 함이니라 (요한복음 6:38)

순종. 나는 이 단어에 지난 10여 년간 은밀히 저항해왔다. 이 단어가 신
앙에서 하나님과의 인격적인 교제를 방해한다고 여겼기 때문이다. 물론
이는 순종에 대한 오해에서 빚어졌음을 인정한다. 그렇지만, 순종에 대한
강조가 신앙적 맹목을 추동하는 때도 있지 않은가.

우선, 변명해보자면 내가 겪은 순종에 대한 접근은 크게 세 가지였다. 하
나는 우리가 하나님의 깊은 뜻을 모르니 무조건 순종하라. 둘째는 순종이
축복의 방편이다. 셋째, 말씀에 순종하라.

내가 안타깝게 생각했던 것은 순종을 강조하는 과정에서 성도들이 신앙
적으로 사유할 기회가 사라지는 것이었다. 신앙적 사유는 성도가 하나님
에 대해 생각하고 고뇌하며 내면의 변화가 일어나는 과정이라 하겠다.

그런데 우리가 하나님의 깊은 뜻을 모르니 무조건 순종하라는 것은 이
런 과정을 빼앗는다고 생각했다. 성도들에게 중요한 것은 순종이라는 결
과와 함께 순종에 이르는 심경의 변화이다. 이 심경의 변화는 우리의 유
교 문화와 혼합되어 위에서 떨어지는 명령, 권위에 대한 무조건적 순종이
아니라 왜 내가 이것을 행해야 하는가를 차근차근 머리로 이해하고, 가슴
으로 받아들여 하나님의 뜻에 진심으로 설복되는 과정이다. 이 과정은 묵
상을 통해서, 때로는 목회자의 권면에 대해 뜨겁게 고민하면서 진행될 것

이다. 중요한 것은 이 과정이 있어야 하고, 인격적으로 진행되어야 한다는 것이다.

아버지의 뜻을 깊이 깨달음으로 순종에 도달하는 마음의 여정. 이것이 훈련되어야 하고, 이 훈련이야말로 하나님께서 원하시는 것이 아니겠는가. 이 과정이야말로 하나님을 알아가는 과정이 아니겠는가. 그런데, 과정 빠진 결과로서의 순종만을 강요하는 것에 나는 불만이 많았다.

순종을 위해 복을 떡밥으로 던지는 것도 불만이다. 고매한 순종의 대의를 축복이라는 대가로 환원시켜버리는 것은 정말이지 우리의 신앙을 단편적이고 말초적으로 만들어버린다. 물론 하나님께서 우리의 순종을 기뻐하시고 복을 주시는 분이라는 것은 사실이다. 그렇지만, 순종을 유도하기 위해 복을 인센티브로 활용하는 것은 성경의 취지와는 부합지 않는다.

또 한 가지는 무엇에 순종해야 하는가. 내가 들은 설교 중에는 말씀에 순종해야 한다는 내용이 많았다. 그럴 때마다 나는 공허하게 외쳤다. 어떤 말씀요? 성경에는 정말로 다양한 순종거리가 있다. 지금 이 예배에서 이 순간 나는 어떠한 말씀에 순종해야 하는가. 왜 말씀이라는 거대한 총론만 던지고 어떤 말씀이라는 각론이 없는가. 각론에 들어가서 왜 하나님께서 그러한 말씀을 주시고 있으며, 우리는 왜 그 말씀에 순종해야 하는지에 대한 깊이 있는 설명이 필요하다고 생각했다. 우리의 가치가 변해야 순종이 이루어지기 때문이다.

예컨대 술 취하지 말라 이는 방탕한 것이니 오직 성령의 충만을 받으라는 성경의 내용을 가지고 이 말씀에 순종하라고 한다면, 대부분의 성도가 정말 심각하게 고민하고, 이것을 어떻게 삶 속에 행할 수 있을 것인가를 진지하게 생각하게 될 것이다. 술을 완전히 끊지 못한다면 적어도 성경적으로 술은 무엇을 의미할까에 대해 고민이라도 할 것이다. 자신이 가진 가치의 재점검, 신앙적 사유의 장이 열리는 것이다. 그런데, 이를 뭉뚱그려서 말씀에 순종하라고 하면 그저 뭐든지 성도들은 순종해야 한다는 맹목적인 태도만을 요구하게 되는 것이지 않은가.

난 이러한 종합적(?) 순종의 강요를 싫어하는데 요한복음에서 예수님께서 보여주시는 순종에 다시 한번 옷깃을 여미고 조용히 이 주제를 놓고 묵상을 해보게 된다. 십자가라는 특정 순종뿐 아니라, 예수님의 순종은 그 생애 전체에 걸쳐있다. 하나님의 말씀대로 전하고, 그 뜻을 행하는 것에서 주님은 성부에게 온전히 순종했다. 이것이 흠모할 만하다는 것, 사모할 만하다는 것을 깊이 느끼게 된다. 예수님께서 몸소 보여주신 순종! 갑자기 종합적으로(?) 순종하고 싶어지다니. 순종에 대한 내 마음이 이렇게 변하다니 이것이 기적 아닌가.

순종하고자 하는 마음이 생기니, 이제 역으로 하나님의 뜻을 묻는 자세를 가지게 한다. 주님, 제가 무엇에 순종하면 될까요? 이제야 진정한 순종의 출발점에 서 있는 것인가.

지금 나의 이 순종하고자 하는 마음은 하나님을 흠모하는 데서, 그리고 그 뜻을 이루어 가시는 예수님을 흠모하는 데서 나온다. 이것은 복을 바라는 것이 아니요, 오직 하나님의 신실하심과 그분의 선하심에 대한 믿음에서 나온다. 즉, 순종은 믿음에서 나온다. 이 믿음은 하나님과의 인격적인 믿음이다.

순종은 우선 순종해야 할 대상이신 하나님이 어떠한 분이신지, 그분을 인격적으로 믿을 수 있도록 하나님의 하나님 되심을 아는 데서 나온다. 순종의 결과에 초점을 두는 것이 아니라, 그들이 어떠한 하나님을 보고 그 행동을 하느냐가 중요하다. 하나님의 영광을 위한 순종!

주여. 그 길을 갈 수 있게 하소서.

| 결혼에 대한 권면 |

우리교회 성경공부 모임에서 고린도전서를 공부하던 중에 결혼에 대해 이야기를 나누게 되었다.

고린도전서 7장에서 바울이 말하는 결혼에 대한 관점은 협소하고, 기능적이다. 음행을 피하기 위해 결혼하라고 한다. 이는 성경에서 말하는 일반적인 결혼관이라고 보기는 어렵겠다.

그렇다면, 성경이 말하는 결혼관이란 무엇인가. 부모를 떠나 연합한다는 데서 독립성과 연합성이라는 원리를 볼 수 있겠다. 특히, 중요한 것은 하나님께서 최초로 세우신 공동체가 가정이라는 것이리라. 그만큼 가정은 천국을 실재적으로 경험할 수 있는 장소이자, 가장 노출되어 있는 공격 대상이기도 하다.

이혼에 대해서 논의를 단순하게 하려고 이혼이 과연 죄인가라는 질문을 던졌더니 역시 성숙한 답변들이 나왔다. 크리스천들에게는 모든 것이 가능하다는 자유 선언, 더는 정죄함이 없기에 어떠한 행위를 죄냐 아니냐고 규정하는 것은 율법으로 돌아가는 것이 아니겠냐는 문제의식이다.

다만, 이혼에 대해서는 예수께서 몇 안 되게 심각하게 만류하신 행위로서, 하나님께서 기뻐하지 않으시는 것이 분명하기에 매우 신중해야 한다는 의견이 많았다.

예수를 믿는 그리스도인으로서 하나님께서 기뻐하시는 행위인지 아닌지는 스스로 판단할 수 있을 것이다. 그러나, 우리는 판단을 할 수 있되 그 행위의 중독성에서 벗어나지 못할 수도 있다. 그것이 죄가 가진 무서운 위력이리라.

어찌 되었건 이혼에 대해서 오늘날 교회에서도 크게 문제 삼지 않는 것 같다. 그러나, 이혼하는 그리스도인 중 이러한 고민을 거치지 않는 분들도 없지 않겠는가.

예수께서 음행의 연고 외에 이혼하지 말라고 하는 말씀을 바울은 좀 더 자세하게 이방인과의 관계까지 확대해서 적용하고 있다. 그러나, 관통하는 바울의 관점은 구원이요, 자유이다.

나는 바울이 종에게도 자유자라고 선포하는 것을 보며, 진정 복음이 시대를 초월하여 승리하는 장면을 포착한다. 바울은 예수를 믿는 복음에서 시대를 초월하는 평등의 정신을 발현했다. 이 정신이 실제로 적용되는데 근 2천년의 세월이 흘렀다는 것은 울의 사상이 혁신적이었는지 말해주는 것 아닐까.

성경에 대해 이것저것 마음껏 얘기하고, 경청하니 좋다. 교재에 의지하지도 않고, 궁금하던 것은 마음껏 풀어놓을 수 있고, 답이 있는 것도 아니니. 특히, 대부분 부부가 집에서는 이러한 주제를 가지고 서로 진지하게 나누지 못하는데 모임의 구성원으로서 서로의 생각을 들으면서 새로운 면들을 발견해나가는 모습이 좋다.

난 바울이 자유와 행함 가운데서 어떻게 균형을 맞추어가는지를 유심히 관찰해보고 싶다. 결국, 바울의 권면은 남의 유익을 위해서 자신의 유익을 절제하라는 권면이다. 자기 부인이라고 개념지을 수 있을런가. 성령의 은혜로 말미암는 자기 부인. 이것이 번져가는 누룩과 같은 천국의 실현이 아닐는지.

| 원수를 사랑하라 |

그러나 너희 듣는 자에게 내가 이르노니 너희 원수를 사랑하며 너희를 미워하는 자를 선대하며 너희를 저주하는 자를 위하여 축복하며 너희를 모욕하는 자를 위하여 기도하라(누가복음 6:27-28)

우리가 당연히 여기는 권리들을 예수께서는 박탈하고 계시다. 우리는, 아니 나는 내가 사람을 미워할 수도, 사랑할 수도 있는 권리를 가지고 있다고 생각한다. 내가 싫은 사람은 안 보면 그만이다. 싫은 사람을 대하는 다양한 비결들을 우리는 삶을 살아가면서 터득한다. 골이 깊어지기 전에 피하는 것이 상책이며, 때로는 거리를 두며 표면적인 화해만으로도 세상을 살아가기에는 충분하다. 더더욱이, 내게 못된 짓을 행하는 이들에게는 본때를 보여줄 필요가 있다는 것이 세상적 지혜이다. 지렁이도 밟으면 꿈틀거리는 법이니까.

그런데, 예수께서는 그렇게 말씀하시지 않는다. 원수를 미워하지 말라가 아니다. 원수를 사랑하라이다. 미워하지 않을 수는 있다. 그러나 사랑하라니!

어쩌면 인류의 수많은 성인 가운데 예수께서 우뚝 자리를 잡으시는 이유가 바로 이 구절 때문이기도 하리라. 수많은 이들은 비록 예수를 영적인 구세주로 영접하지는 않더라도 바로 이 가르침에 매료되어 세상을 바꾸어나가고 있다. 그 정도로 이 가르침은 매력적이다.

이를 어디까지 실천할 수 있을 것인가.

적어도, 난 내게 쓴 뿌리를 남기는 이들을 위해 기도해야 한다는 것을 깨닫게 되었다. 그들을 사랑할 힘이 내게는 없다. 그러나, 주님으로부터 공급받는 그 힘으로 난 사랑할 수 있다. 이것이 예수의 제자로서의 첫걸음일 것이다. 예수의 호쾌한 웃음이 그려진다.

원수를 사랑하라고 말씀하시는 예수님은 비장한 모습이었을 것 같지 않다. 하나님의 나라의 질서, 원칙을 선포하시는 예수님은 웃고 계셨을 것 같다. 이 진리가 이미 우리에게 임했고, 이를 지키는 이들로 인해 하나님 나라가 확장되어 갈 것을 이미 보셨을 것이기에.

주님. 사랑하게 하소서.

사랑은 지극한 배려 가운데 베풀어야 함을 알고 있습니다.

영혼의 상황을 보게 하시고, 그들의 필요를 채우게 하소서.

| 권리 포기 |

모든 것이 내게 가하나 다 유익한 것이 아니요 모든 것이 내게 가하나 내가 무엇에든지 얽매이지 아니하리라 (고전 6:12)

난 이 구절을 술 문제를 포함한 내 나름의 많은 영역에 적용한다. 모든 것이 가하다. 이것은 복음을 통해 얻은 우리의 자유선언이다. 쉽게 얘기해서 우리가 때로는 죄를 지어도 이미 우리에게 정죄함은 없다는 것이다.

그러나, 모든 것이 유익한 것은 아니다. 이는 삶을 살면서 부딪히는 현실적 제약이다. 즉, 우리에게 정죄함이 없다는 법적이고, 영적 측면과는 다르게 하나님께서 기뻐하시지 않는 행위들도 존재하며, 궁극적으로 우리에게 유익하지 않다는 것이다.

요는 그리스도인으로서 나는 이러한 유익을 고려하여 나의 행동을 스스로 결정하겠다는 것이다. 유익은 나에 대한 유익도 있지만, 바울은 공동체에 대한 유익을 중요한 기준으로 고려하고 있다.

이러한 바울의 권면에는 권리 포기가 들어있다고 나는 생각한다. 즉, 모든 것이 가능한 내가 이를 자제하는 것은 나의 누릴 수 있는 권리를 포기하는 것이다. 어쩌면 이것이 예수의 제자로서 그분이 우리에게 요청하신 삶의 자세가 아닐까 한다.

바울은 이 구절의 바로 앞에서 성도 간의 소송에 대해 고린도교회 성도들의 자세를 질타한다.

너희가 피차 고발함으로 너희 가운데 이미 뚜렷한 허물이 있나니 차라리 불의를 당하는 것이 낫지 아니하며 차라리 속는 것이 낫지 아니하냐. (고전 6:7)

나는 내가 당한 불의에 대해 소송을 하고, 구제를 받을 권리가 있다. 그렇지만, 상대가 나의 형제이고, 그것이 공동체에 유익이 되지 않는다면 기꺼이 이러한 소송의 권리를 포기하라는 것이 바울의 권면인 것이다.

예수님의 권면은 더 본질적이다. 원수를 사랑하라는 것은 어쩌면 인간의 본성상 당연한 감정을 포기하고 초인적인 의지를 발휘하라는 명령이다. 어쩌면 나는 용서하지 않을 권리도 있고, 5리를 가자는 요구를 거절할 권리도 있을 것이다. 적어도 이것은 내가 예수를 만나기 전까지는 나의 의무는 아니었는데 말이다.

기득권. 이 말만큼 개혁과 변화에 대치되는 것이 있을까. 종교인으로서 사랑을 실천하기 위해서 조금 양보하고 착하게 살 수 있을지언정, 사회인으로서 나 자신의 기득권을 포기하고 살기는 무척 어려울 것이다. 개인으로서는 포기할 수 있어도 집단으로서 포기하기는 쉽지 않으리라. 사회에서 법적으로 규정한 권리를 종교적인 이유로 포기하기는 쉽지 않으리라. 바울이 여기서 형제간의 소송에 대해 권면하는 권리의 포기는 바로 이러한 사회적인 소송 권리를 종교적인 이유로 포기하라는 것일진대 굉장한 요구라는 생각이 든다.

내가 모든 것이 가능한데도, 이를 행하지 않는 것은 결국 로마서에서도 바울이 강조하듯이 특히 공동체의 유익을 위함이다. 제사상의 떡을 먹는 것이 자유자로서 아무런 거리낌이 없으나, 이를 보고 실족할 초신자를 위해서 먹지 않는다고 말하는 바울의 권면인 것이다.

아무에게도 판단 받지 않는다고 당당하게 말하는 사도 바울이 이렇듯 초신자들의 눈치도 세심하게 살피며 배려하고 있다. 그의 모든 관심은 교회가 건전히 성숙해 나가는 데 있는 것이다.

주님.

때로는 이익이 침해되어 목소리를 높여야 할 때도 있을 터이고,

불의에 항거해야겠다는 나름의 정의감 충만할 때도 있겠지만,

이러한 모든 것이 당신의 나라보다 앞서지 않게 하소서.

| 정체성의 근원 |

조직사회에 몸담고 있다 보니, 나 자신을 다른 이들에게 비교하여 생각할 때가 많다. 워낙에 뛰어난 사람들 틈에 있다 보니, 이래저래 열등감이 생긴다.

문제는 이러한 시각이 사람들과의 관계에서뿐만 아니라, 하나님과의 관계에도 적용된다는 데 있다. 마치, 하나님도 쓰실 만한 사람을 골라 쓰실 것같은 느낌. CEO처럼 능력 있는 자에게 일을 많이 맡기시고, 많은 것을 부탁하실 것 같다는 느낌.

그런데, 하나님께서는 그런 분이 아니시라는 것이 내가 온누리교회에서 그토록 귀가 따갑게 들었던 바로 그 메시지라는 것을 최근에서야 깨달았다. 하나님은 인간의 잣대로 우리를 보시지 않는다는 것을 말이다.

우리는 머리가 좋고, 얼굴도 준수하고, 말도 잘하는 것을 좋아한다. 분석력 있고, 매너 좋고. 부족한 나는 가진 것도 없고, 능력도 없고, 왠지 하나님께서 기뻐하실 만한 아무것도 없다는 자괴감에 종종 빠지게 되는데, 바로 이 부분이 내가 훈련받아왔던 부분이었다.

하나님께서는 내가 어떠하므로 쓰시는 것이 아니며, 부족해도 쓰신다는 것을. 연약한 이로 강한 자를 부끄럽게 하시는 분이시라는 것을. 모세처럼 버려졌던 인생을 들어 이스라엘의 구원역사를 이루시는 분이심을. 야곱처럼 영악한 자를 들어 이스라엘 백성을 이루셨던 분이심을.

내 안에는 하나님을 기쁘시게 할 만한 것이 너무나도 아무것도 없다. 그래서 때로는 마음도 아프기도 했건만, 그분의 메시지는 그것이 아니었다.

능력이나 성과에 관계 없이 나를 사랑하시고, 위로하시고, 회복하시고, 내게 적절한 역할을 주신다.

생각할 때마다 눈물이 고이는 은혜이다. 하나님의 기준과 인간의 기준이 다르다는 것. 그리고, 바로 이것을 지금까지 배워오고 있다는 것. 내가 배운 복음의 근원이라는 것이다.

그분이 하나님이시다. 깊은 위로가 된다. 무능력하다고 우리를 버리실 분이 아니시라는 것이. 모자란다고, 어리석다고, 느리다고, 연약하다고, 심약하다고. 그분은 그렇지 않다는 것이 내가 배운 하나님이다.

감사합니다.

| 종의 자유 |

네가 히브리 종을 사면 그는 여섯 해 동안 섬길 것이요 일곱째 해에는 몸값을 물지 않고 나가 자유인이 될 것이며 (출애굽기 21:2)

21장 제일 처음 다루는 주제는 같은 민족인 사람을 종으로 삼았을 경우이다. 의아했다. 애굽에서 나온 지 얼마 되지도 않은 광야 생활의 이스라엘에 과연 서로를 종으로 삼게 되는 경우가 흔히 있었을까? 이것이 그렇게 시급한 문제였을까? 왜 하나님께서는 종의 문제를 십계명 다음으로 중요하게 다루기를 원하실까? 첫 번째 의문이었다.

종에 대한 하나님의 원칙은 생각할수록 신선하다. 종을 얻은 지 7년이 되는 해에 자유를 주라는 것이다. 종이 자발적으로 주인을 섬기겠다고 결정하면 그는 영원히 주인의 종이 될 수도 있다.

하나님께서 우리에게 원하시는 것은 7년이 지난 후에 원칙적으로 그 종을 해방하라는 것이다. 여기서, 종은 비록 주인의 소유이지만 다른 가축이나 재산과 구별된다. 즉, 종은 같은 이스라엘 백성이기 때문이다.

왜 하나님은 종의 자유를 십계명 다음으로 선포하셨을까. 그것을 선포해주신 하나님이 정말 감사하다. 인생에서 막대한 부를 누리는 것보다 종처럼 비루하게 살게 될 가능성이 더 클 테니까. 하나님께서 비천한 종에게까지 관심을 가지고, 우선순위를 두시는 분이시라는 것이 감사하다.

그리고, 이 법은 초기에 정확하게 몸에 배야 사회적 혼란을 없앨 수 있을 것 같다. 인간 탐욕의 한계는 자신의 종족을 종으로 삼되 6년까지인 것이다. 소유의 한계를, 욕망의 한계를 정하고, 시간에 따라 끊임없이 되돌아보는 사회시스템은 오늘날 깊은 통찰을 준다.

종의 자발적 복속은 아이러니하다. 좋은 주인이라면 아마 종을 자유롭게 해주고 싶어 할 것 같다. 그러면 종은 그 주인을 섬기고 싶어 할 것 같다. 나쁜 주인이라면 겉으로는 보내주는 척해도 보이지 않는 올가미를 만들어서 절대 놓아주지 않을 것 같다. 이 점에서 주인과 종의 관계가 흥미로워진다.

7년 후 자유를 얻은 종의 모습을 상상해본다. 회복이 보장되어 있다는 것. 그것이 희망이 아니겠는가. 다시 자유인이 될 수 있다는 것. 하나님께서는 이스라엘 백성에게 근본적으로 희망의 장치를 부여하신 것이다. 인간이 가장 위험한 조건에 처해있을 때 희망을 품을 수 있다는 것. 자신을 팔아야 하는 순간에도 다시 자유로울 수 있다는 희망. 그것은 강렬한 것이다. 오늘 우리에게 이러한 희망이 있는가.

희망의 근원은 하나님이다. 본인의 소유를 7년이 지난 후에 포기하라고 강력하게 말씀하실 수 있는 분. 거대한 자본주의의 논리에서 이러한 놀라운 한계적 소유를 선포하기는 어려울 것 같다.

주인의 관점에서 종을 포기하는 것은 매우 아까울 것이다. 주인은 율법을 통해서 자신의 위에 하나님이 계심을 느끼게 될 것이다.

주님. 오랜만의 묵상입니다. 저는 종을 생각하시는 당신께 감사합니다. 매우 중요한 인간관계의 원리를 깊이 묵상해보겠습니다.

예수님 이름으로 기도드립니다. 아멘.

| 나그네 |

너는 이방 나그네를 압제하지 말며 그들을 학대하지 말라 너희도 애굽땅에서 나그네였음이라(출애굽기 22:21)

출애굽기를 묵상 중이다. 시내산 십계명 이후에 지루한(?) 언약법 부분이 나온다. 복음으로 말미암아 더는 율법의 멍에를 지지 않는다는 생각과 함께 지금과는 엄청난 시대적 간극으로 적용하기도 어렵다는 것도 이 부분이 지루하게 느껴지는 이유 같다.

그런데 읽다 보니 드는 첫 번째 질문은 하나님께서 어떻게 인간의 대소사에 대해 이렇게 상세히 계명을 줄 수 있을까 하는 것이었다. 이거 정말 신이 준 계명 맞을까 할 정도로 미주알고주알 적힌 것이 많지 않은가? 아마도 하나님께서 당시의 인간 세상을 관찰하면서 자주 발생하는 사건들을 보고 이에 대한 자신의 해결방안을 알려주시는 것 같은 느낌이 든다. 이런 생각이 드니 언약법 부분에 조금 흥미가 생기고 읽기도 더 편해졌다. 소가 들이받아 다친 사람에 대한 배상 등도 처음에는 도대체 하나님께서 말하고 있는 것이 맞을까 싶도록 생소했다가 좀 더 친근감이 느껴졌다.

여하튼 이런 상황에서 어제부터 주목되던 구절이 있으니 바로 나그네를 압제하지 말고 학대하지 말라는 출애굽기 22:21절 말씀이다. 하나님께서 주목한 사회적 약자가 대략 과부, 고아, 이방 나그네와 약간 성격이 다르지만, 종이라고 볼 수 있겠다. 그중 과부, 고아는 사회 내부적으로 생기는 취약계층이라면 이방 나그네는 외부에서 유입되는 계층으로 특히 이스라엘이나 우리나라처럼 민족의식이 분명한 사회에서는 살기 어려울 것 같다. 신명기로 가면 이 계명이 더욱 발전해 나그네를 사랑하라 하신다.

왜 신은 이방 나그네에게 관심을 가지는 것일까? 그것은 신이 이스라엘만의 신이 아니었기 때문이리라. 그것은 지금도 같다고 난 믿는다.

그렇지만 나그네를 사랑하기란 현실적으로 얼마나 어려운가. 내가 있는 이곳 멕시코에도 미국으로 가고자 하는 이민자들의 뉴스가 마음을 무겁게 한다. 미국 입장에서도 이들을 받아주는 데에는 한계가 있을 것이다. 그러나 이민 발생의 원인이 되는 치안, 빈곤과 같은 중미국가들의 문제를 어떻게 해결할 수 있을 것인가.

이 암담하고 무거운 현실 앞에 할 수 있는 것은 무릎을 꿇는 것밖에는 없다.

| 면제 |

매 칠 년 끝에는 면제하라 (신명기 15:1)

밑도 끝도 없는 이 웅장한 명령.

다른 번역들은 적어도 목적어는 넣어서 친절하게 설명해 주는데 개혁개정은 딱 요 구절이다. 그렇지만 더 가슴에 와닿는다.

안식년은 그 취지도 너무나도 고상하고 이상적이다. 7년이 되면 빚을 탕감해주라는 것이다. 현대인으로서 이를 지키는 것은 불가능할 것이다. 하나님께서는 이 대선언에 이어 구체적인 지침을 우리에게 말씀하시는데 그것은 더욱 우리의 마음을 찌른다.

만약 면제년이 되는 해가 가까이 왔을 경우, 돈을 빌려주더라도 곧바로 면제년이 되면서 어차피 받을 수 없으므로 가능한 안 꾸어주려는 것이 사람의 마음일 것이다. 그런데 하나님께서는 이를 반드시 꾸어줄 것이요, 그렇게 하지 않으면 그것이 죄라고 말씀하신다.

하나님께서 말씀하고자 하시는 마음은 긍휼함이리라. 추상적인 긍휼함은 면제년을 지키는 구체적인 삶의 실천으로 다가온다. 더욱이, 면제년의 즈음에는 돈을 빌려주기 싫은 마음도 다스려야 하는 아주 구체적인 실천이다.

땅에는 언제든지 가난한 자가 그치지 아니하겠으므로 내가 네게 명령하여 이르노니 너는 반드시 네 땅 안에 네 형제 중 곤란한 자와 궁핍한 자에게 네 하나님께서는 진정한 긍휼의 주체가 누구인지 상기시키신다. 이렇게 면제년을 지키는 것처럼 가난한 이에게 긍휼함을 베풀면 하나님께서 그 빈 곳을 넘치도록 채우시겠다는 것이다. 그러니, 자기 재물이 아까워서 가난한 이들의 어려운 사정을 못 본 척하지 말라는 것이다.

자신을 돌아보게 된다. 구제에 별반 관심이 없었다. 간혹 구제하였으나, 하나님께서 주시는 긍휼함에서 나온 것 같지는 않다. 더욱이 구제를 통해 하나님께서 내게 채워주시는 은혜를 갈망하지는 않았던 것 같다.

주님. 안식년의 취지를 마음에 새기게 하소서. 당신의 마음이 있는 곳에 저의 마음도 가게 하소서.

| 시편의 고백 |

"우리에게 향하신 여호와의 인자하심이 크시고 여호와의 진실하심이 영원함이로다 할렐루야"(시편 117:2)

다윗과 솔로몬. 성경에 나오는 가장 대표적인 왕이자, 시편과 전도서라는 성경 시가서의 쌍봉을 지은 이들이다. 시편과 전도서는 많은 이들이 사랑하는 성경이자, 인생의 정수와 지혜를 보여주는 명저이다. 인생이 고난으로 점철되었던 다윗이 하나님을 노래하고, 하나님에 대한 사랑을 표현한 시편을 지었다면, 평생 호화로운 삶을 영위한 인류 최고의 지혜자 솔로몬이 인생의 헛됨을 날카롭게 갈파한 전도서를 지었다는 것은 또다른 성경의 아이러니 일 것이다.

다윗의 시편에는 하나님에 대한 찬양과 열렬한 고백이 담겨있다. 고난 중에 신음하며 하나님을 찾는 모습도 많다. 다윗의 시편은 경건함을 가장하지 않는다. 시라는 것이 인간의 마음을 깨끗하게 그려 보여주는 것이 아니던가. 그래서인지, 투명한 다윗의 고백은 그 하나하나가 살아있다.

다윗은 그 유명한 시편 23편에서 그 평생에 하나님의 선하심과 인자하심이 따를 것이라고 고백한다. 얼마나 소망이 되는가. 하나님의 선하심과 인자하심을 묵상하는 것이야말로 우리의 소망이요, 힘의 원천이다. 인생을 살아가면서 이를 경험하는 것이야말로 성도의 놀라운 특권이요, 은혜가 아닐 수 없다.

가끔씩, 하나님께서 선하시지 않다면, 인자하시지 않다면 어떻게 될까 생각해본다. 하지만 이 선하심과 인자하심이라는 속성이 바로 하나님께로부터 나오는 것이기에 우리가 인지하고 느낄 수 있다는 것이 나의 믿음이다. 하나님이 선하지 않다면 우리는 선하다라는 것이 무엇인지조차 몰랐으리라.

저 말은 우리가 흔히 쓰는 사랑과 공의라는 말로 바꿔볼 수도 있을 것 같다. 사랑은 인자하심으로, 공의는 선하심으로 말이다. 일전에 한번 사랑과 공의라는 개념으로 예수 그리스도를 전해 본 적이 있다. 하나님의 공의는 선하지 않은 것을 심판하실 수 밖에 없는데, 하나님의 사랑은 그 심판을 선하지 않은 인간을 대신하여 결국 자신이 받으셨다는 것이다.

나는 하나님의 선하심과 인자하심이라는 속성에 비해 시편 117편이 고백하는 진실하심이 매우 새롭게 느껴졌다. 우리는 신실하신 하나님을 노래하기도 하지만, 진실하신 하나님은 뭔가 또 다른 느낌이지 않은가? 하나님께서 우리에게 대해 진실하시다는 말씀은 무엇을 의미하는 것일까. 우선, 문자 그대로 거짓으로 대하시지 않는다는 말씀일 것이다. 때로 우리는 사람들에게 진실하지 못하게 대할 때가 많지 않은가. 그렇지 않은 척하는 것이다. 관심이 없는데도 관심이 있는 척. 항상 진실하기가 얼마나 어려운가.

하나님은 우리를 그렇게 대하시지 않는다. 그분의 진실함의 절정이 바로 예수 그리스도이시다. 우리를 위하여 죽기까지 사랑하신 그 사랑. 하나님께서는 우리에 대해 진실하시다. 왜곡되어지고, 뒤틀어진 관계 속에서 신음하는 우리에게 하나님께서 진실하시다는 것이 얼마나 큰 위로를 가져오는가.

진실하다는 것이 자신의 감정에 충실하여 느끼는대로, 생각하는대로 말하고 행동하는 것일까? 진실하다는 것은 내 자신에 대한 것이 아니라 상대방에 대한 것이다. 그것은 상대를 향한 훨씬 더 성숙한 사랑을 의미한다. 존중 가운데 성실과 정직을 말하는 것이리라. 말로 충분히 표현할 수 없지만 그분의 진실하심을 생각하고, 되뇌어보는 것만으로도 깊은 위로를 받는다. 그 분의 진실함을 묵상하고, 조금이라도 더 거기에 가깝게 갈 수 있기를 기도한다.

| 지혜의 근본 |

"여호와를 경외하는 것이 지혜의 근본이요 거룩하신 자를 아는 것이 명철이니라"(잠언 9:10)

하나님에게 전무후무한 지혜를 받은 솔로몬은 그 지혜를 후대에게 물려주기 위해 잠언을 남겼다. 이 잠언을 읽으면서 지혜에 대해 생각해보게 된다. 잠언은 여호와를 경외하는 것이 지혜의 근본이라고 한다. 지혜를 어떠한 가치를 지향해야 할지를 분별하는 보다 높은 개념으로 제시한다. 솔로몬은 통치를 잘 하기 위해 지혜를 달라 했건만, 신은 지혜란 바로 그를 경외하는 것이라고 하는 것이다.

삶을 살아갈수록 이 차이가 점점 더 크게 느껴진다. 도구적 지혜가 아닌 가치적 지혜. 내가 처한 상황을 이해하고 극복해 나가는 데는 후자가 더 중요하다. 성경이 말하는 지혜의 근본인 여호와를 경외하는 것은 하나님을 두렵고 떨림으로 사랑하는 것이자, 더 근본적으로는 하나님을 인정하는 것인데, 이것은 신 앞에서 인간이 스스로 어떠한 존재인지를 자각하고 겸손해지는 근원적인 태도이다. 우리의 존재는 하나님을 인정할 때 비로소 본연의 가치와 목적을 찾을 수 있다.

요즘 같이 자기애가 충만하고, 이를 지혜의 근본으로 삼는 세상에서 이러한 성경의 가르침을 받아들이기가 쉽지 않다. 그러나, 우리가 그토록 사랑해마지 않는 우리의 인생에 대해서 솔로몬은 전도서에서 인생을 헛되다고 4번이나 반복해서 강조한다. 인생이 헛되다는 것은 무슨 의미인가.

이것은 하나님의 시간인 영원과 결부지어 생각해보아야 할 것 같다. 하나님께서 세상을 창조하시기 전에는 아무 것도 없었고, 하나님께서 정하신 끝 날에 모든 것은 끝날 것이다. 우리의 삶은 영원의 기간 중에 허락된 순간이다. 여기서 우리가 무엇을 추구하고, 쫓아가더라도 결국 사라질 것이라는 의미에서 저자는 인생을 헛되다고 말하는 것이리라. 영원이라는 깊은 강에 잠길 모든 것들. 죽음이라는, 어찌 보면 모든 인간들에게 가장 공평한 이 운명 앞에 우리의 순간은 덧없이 사라져 버리지 않는가. 그래서 전도자는 궁극적으로 이 영원이라는 시간의 주인, 신에게 눈을 돌리라 하고 있다.

"너는 청년의 때에 너의 창조주를 기억하라 곧 곤고한 날이 이르기 전에, 나는 아무 낙이 없다고 할 해들이 가깝기 전에 해와 빛과 달과 별들이 어둡기 전에, 비 뒤에 구름이 다시 일어나기 전에 그리하라"(전도서 12:1)

요즘 젊은이들에게 이런 얘기를 하면 꼰대 소리를 들을지 모르겠다. 그렇지만, 솔로몬은 청년들에게 권면하고 있다. 너무 늦기 전에 하나님을 찾으라고 말이다. 여호와를 경외하는 것, 내 삶 가운데 하나님의 하나님 되심을 온전히 인정하는 것. 그분의 뜻을 구하고 추구하는 것. 이것이 나의 인생을 제약하는 것이 아니라, 오히려 생명과 소망을 주는 것임을 깨닫기를 간절히 바란다.

| 하나님 나라 |

육신을 입고 때로는 사랑하기도 하고, 분노하기도 하고, 웃기도 하고, 유혹을 느끼기도 하고, 감탄하기도 하고, 눈물을 흘리기도 하는 것이 감사하다. 그리고, 그것이 때로는 힘들다. 인간이기에, 인간이기에 느끼게 되는 감정. 심장이 뛰는 인간이라는 사실이 얼마나 놀랍고 감사한지 모른다. 그렇지만, 이 모든 감정을 뒤로하고 하늘에 계신 그분의 보좌로 가고 싶다는 마음이 때론 하염없이 들곤 한다.

그분의 세계는 분명 이곳보다 더 찬란할 것이다. 섬세하고 황홀하고도 오묘한, 놀랍고도 기이한 세계일 것이다. 그곳은 분명 우리가 상상하는 것 그 이상의 세계이리라.

하나님의 나라가 온전히 도래한다면 남녀 간의 황홀한 때로는 애잔한 사랑의 감정은 사라지는 걸까. 부모, 자식 간의 아름다운 인연도 없어진다고 들었다. 눈물 없는 세상은 어떤 세상일까.

기쁘기만 한 인간의 모습이 상상되지 않는다. 그토록 우리는 원형의 창조 의도를 벗어난 것일까. 죽음은 대표적으로 창조할 때에는 존재하지 않았던, 그러나 너무도 익숙히 우리의 일상을 파고드는 현상이다. 슬픔도 그런 것일까.

인간은 받아들여지지 않을 수 있다는 것에 대해 깊은 공포감이 있다. 감정이 진실할수록 두려움은 커진다. 온전한 사랑은 두려움을 내어 쫓는다는 요한의 말은 정말 깊은 진리이다. 사랑의 사도 요한은 어떠한 사랑을 온전하다 하는 것일까. 그가 보았던 사랑은 어떠한 사랑이었을까. 자신을 버리고 도망간 제자 베드로를 다시 일으키는 사랑. 사랑하는 제자였던 그에게 자신의 어머니를 부탁했던 사랑. 모든 이들이 다 버렸던 창녀와 세리들을 품었던 사랑. 제자들을 향해 서로 사랑하라. 이로써 크리스천을 세상과 구별하리라 하셨던 사랑. 자신의 목숨을 대신 주는 사랑.

주님은 우리를 사랑하셨다. 그것은 우리의 사랑을 얻기 위해서가 아니셨다. 우리에게 자유를 주시고, 우리가 새로운 삶을 살아가는 것을 보고 싶으셨기 때문이었으리라 믿는다. 사랑이라는 것은 조건적인 것이 아니다. 요한이 하고 싶었던 얘기도 그것이었으리라. 사랑에 늘 동전의 양면처럼 붙어있는 두려움. 그가 우리를 먼저 사랑하였듯이. 우리가 그를 먼저 사랑한 것이 아니었듯이.

은혜의 강가에 목을 축이고 싶다.

내가 만난 하나님 다섯 번째 이야기

묵상은 나의 힘

1판1쇄   2021년 5월 8일

지은이   박정오
펴낸이   최지윤
펴낸곳   시커뮤니케이션 (2014년 10월 20일   제 2019-000012호)
          www.seenstory.co.kr
          facebook.com/seeseesay
          seenstory@naver.com
          T. 031)871-7321 F. 0303)3443-7211
서점관리   하늘유통
만든곳   현문자현

ISBN   979-11-88579-64-8(03230)